Inhaltsverzeichnis

Vorwort

Liebe Erzieher*innen,

Kinder erleben ebenso wie Erwachsene den Wandel unserer Gesellschaft, die schon seit vielen Jahren wesentlich multikultureller und internationaler ausgeprägt ist, als manche Menschen es wahrhaben wollen. Deshalb ist es sehr wichtig, dass Kinder sich mit Multikulturalität auseinandersetzen. Die Themen „Toleranz", „fremde Länder", „Bräuche in anderen Ländern", „Sprachen anderer Länder", „andere Religionen" sowie ein friedliches Miteinander sind Schwerpunkte dieser Mappe. Auch das Thema „Flucht" wird behandelt. Hierbei geht es um Krieg, vor dem aktuell zahlreiche Menschen fliehen und bei uns und in anderen Ländern Schutz suchen. Diese Themen mit Kindern zu besprechen, ohne sie zu überfordern, stellt für den Erziehungsalltag eine Herausforderung dar. Als Interkulturelle Trainerin liegt mir nicht nur die Bildung der Kinder, sondern auch die interkulturelle Bildung von Erwachsenen am Herzen. Bitte schauen Sie sich die Internetadressen auf Seite 5 an, unter denen sich einige Angebote finden, die sich mit der eigenen interkulturellen Kompetenz befassen. Ihre persönliche Grundhaltung zu diesem Thema beeinflusst erfahrungsgemäß die Grundhaltung der Kinder enorm.

Anhand von Geschichten, Rezepten, Bastelarbeiten, Liedern und Spielen wird den Kindern nahegebracht, dass es viele verschiedene Menschen auf dieser Erde gibt, denen ganz unterschiedliche Dinge wichtig sind. Sie sprechen verschiedene Sprachen, haben unterschiedliche Hautfarben und und sind doch alle Menschen unserer Erde, sind alle gleichermaßen wertvoll. Unsere Welt ist bunt. Sie sind Menschen wie du und ich. Deshalb möchten wir gemeinsam dafür sorgen, dass alle gut und friedlich miteinander auf unserer Erde leben können. Es geht darum, Vielfalt wahrzunehmen und zu thematisieren. Kinder aus anderen Ländern kennenzulernen, ist eine Bereicherung und eine Chance. Wir möchten neugierig und offen auf sie zugehen und gemeinsam feststellen, dass Verschiedenheit normal ist. Sowohl Kinder, die in Deutschland aufgewachsen sind, als auch Kinder, die schon in einem anderen Land gelebt haben, können Verschiedenheit als Normalität und Bereicherung erleben.
Diese Arbeitsmappe soll dabei helfen, Offenheit und Toleranz im Kindergartenalltag auf mehreren Ebenen umzusetzen und Gemeinschaft zu schaffen – auch oder gerade dann, wenn Kinder aus anderen Nationen zur Gruppe dazustoßen. Deshalb ist das Hauptziel dieser Mappe, den Kindern die Multikulturalität unserer Gesellschaft als eine Selbstverständlichkeit zu vermitteln – denn sie wachsen in einem Land auf, in dem es normal ist, dass viele verschiedene Sprachen gesprochen werden, dass Menschen verschieden aussehen und unterschiedliche kulturelle Hintergründe haben. Menschen auf dieser Welt haben außerdem so viel gemeinsam: Sie haben Familien, Freunde, Alltagssorgen und Freuden.
Literaturempfehlungen sowie ausführliche Tipps für die Erzieher*innen mit weiterführenden Links aus dem Internet runden die Mappe ab.

Ich wünsche Ihnen viel Freude mit dieser Mappe, schicke herzliche Grüße und sage auf Wiedersehen, *ma'a as-salāma* (Arabisch), *tot ziens* (Niederländisch), *tsteessutsjun* (Armenisch), *au revoir* (Französisch), *xua ves* (Kurdisch), *sayōnara* (Japanisch), *khodahafez* (Persisch), *kwa heri* (Suaheli), *adiós* (Spanisch), *hoşça kalın* (Türkisch), *do widzenia* (Polnisch) und *hej då* (Schwedisch)!

Ihre Mareike Brombacher

„Das Anderssein der anderen
als Bereicherung des eigenen Seins begreifen;
sich verstehen,
sich verständigen,
miteinander vertraut werden,
darin liegt die Zukunft der Menschheit."

Rolf Niemann

Hinweis:
Aus Gründen der besseren Lesbarkeit wird im Folgenden auf eine sprachliche Differenzierung der Geschlechterbezeichnungen verzichtet. Da die Erzieher*innen in Kindertagesstätten zumeist weiblich sind, haben wir uns hier für die weibliche Form entschieden. Selbstverständlich sind stets alle Geschlechter angesprochen.

Vorbemerkungen und Arbeitshinweise

Zu den verwendeten Symbolen

Bildungsbereiche (jeweils das äußerste Symbol oben rechts auf den Arbeitsblättern):

 Sprachliche Bildung

 Musikalische Bildung

 Ästhetische Erziehung

 Umwelt-, Sach- und Naturbegegnung

 Gesundheit und Ernährung

 Mathematische Bildung

 Feste und Feiern

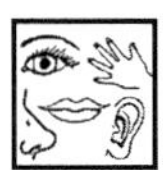 Wahrnehmung und Entspannung

 Körpererfahrung und Bewegung

 Sozialerfahrungen

Sonstige Symbole:

 geeignet für die Begabtenförderung

 für unter 3-Jährige geeignet

Layout:

- Die Seiten mit der **Erde** im Layout unten rechts sind für die Erzieher*innen gedacht.
- Die Seiten mit den **Kindern** unten rechts sind Arbeitsblätter, die direkt mit den Kindern bearbeitet werden können.

Tipps, Anregungen und Sachinformationen zu den einzelnen Angeboten

Zum Umgang mit den Arbeitsblättern

Diese Projektmappe enthält einige Arbeitsblätter, deren Aufgabenstellung Sie mit den Kindern in Kleingruppen besprechen oder vorlesen müssen.

Für die Aufbewahrung der Arbeitsblätter werden, je nach Gruppensituation und organisatorischen Bedingungen, verschiedene Möglichkeiten empfohlen:

- Ablagefächer (alternativ unifarben gestaltete Deckel von Kopierpapierkartons): Die Kinder haben so freien Zugriff auf die darin sortierten Arbeitsblätter und können ihre Aufgaben selbst auswählen.
- Jedes Kind verfügt über einen weiteren Schnellhefter, in den die Erzieher*innen regelmäßig nach Alter und Entwicklungsstand ausgewählte Arbeitsblätter (z. B. zwei Arbeitsblätter pro Woche) einheften oder diese gemeinsam mit dem Kind aussuchen. Die Kinder wählen die Zeit zur Bearbeitung entweder frei oder es gibt festgelegte Zeiten, innerhalb derer ein Kind seine Arbeitsblätter bearbeiten kann.
- Die fertiggestellten Arbeitsblätter werden im Schnellhefter oder in einer Sammelmappe / einem Sammelordner abgeheftet bzw. gehören als Anlage zur Bildungsdokumentation oder zum Portfolio.
- Es empfiehlt sich außerdem, für jedes Kind einen schön gestalteten Schuhkarton für andere gefertigte Objekte anzulegen.

Allgemeine Informationen:

Wenn Sie mit Teelichtern und Kerzen arbeiten, sorgen Sie dafür, dass ausreichend Wasser zum Löschen bereitsteht und dass Kerzen und Teelichter auf einer feuerfesten Unterlage stehen.

Vorbemerkungen und Arbeitshinweise

Allgemeine Informationen zu den Bastelarbeiten im Bereich „Ästhetische Erziehung", ab S. 22:
Fotografieren Sie die Materialzusammenstellung und jeden einzelnen Arbeitsschritt. Kleben Sie die ausgedruckten Fotos mit der Auflistung der Materialien bzw. mit der dazugehörigen schriftlichen Arbeitsanweisung auf DIN-A5-Karten, nummerieren Sie die Karten in der richtigen Reihenfolge und laminieren Sie diese. So erhalten Sie bebilderte Karten, die Ihre Kinder zum selbstständigen Arbeiten motivieren. Diese Arbeitsanleitung kann auch wieder für jedes Kind kopiert und als Anlage in das Portfolio geheftet werden.

Zu den Rezepten im Bereich „Gesundheit und Ernährung", ab S. 33:
Zu den Rezepten finden Sie auf den Seiten 37 / 38 Bilder mit allen bei den Rezepten verwendeten Zutaten und Haushaltsgeräten sowie Pfeile, mit deren Hilfe Sie die Rezepte bei Bedarf als großes Plakat gestalten können. Vergrößern Sie dazu die benötigten Zeichnungen auf dem Kopierer. Mit den vorhandenen Bildern können Sie auch Bildrezepte auf einem DIN-A4-Blatt erstellen, für jedes Kind kopieren und in einem Schnellhefter sammeln. So erhalten die Kinder eine eigene Bild-Rezept-Mappe, die auch wieder als Anlage in das Portfolio geheftet werden kann.
Achtung: Bitte achten Sie bei allen Rezepten auf eventuelle Lebensmittelunverträglichkeiten der Kinder.

Interkulturelle Bildung in der Kita:
Grundsätzlich gibt es auch außerhalb konkreter Einzelangebote verschiedene Möglichkeiten, die eigene Kita interkulturell auszurichten. So sollten Kinder, die unsere Sprache noch nicht beherrschen, nicht dazu gezwungen werden, Deutsch zu sprechen. Im Alltagshandeln sollten dagegen möglichst viele Situationen geschaffen werden, die es ermöglichen, Begriffe auch in anderen Sprachen zu erfragen, sodass die Kinder sich schneller und besser in der Gruppe geborgen und zu Hause fühlen. Dazu tragen auch Bilder zu den alltäglichen Abläufen in der Kita bei. Für die Eltern können Informationen und Aushänge grundsätzlich in mehreren Sprachen angefertigt werden. Nonverbal lassen sich sehr viele Dinge kommunizieren, wie zum Beispiel die Botschaft an das Kind: „Ich nehme dich persönlich wahr." Das ist für Kinder, die gerade neu in der Gruppe sind, besonders wichtig.

Bei den Spielsachen bietet es sich an, Puppen mit verschiedenen Hautfarben und auch Kleidung aus unterschiedlichen Ländern anzuschaffen – ohne, dass es dabei in irgendeiner Weise folkloristisch werden sollte, denn vorführen möchten wir keine Nation auf dieser Welt. Zur Veranschaulichung: Auch wir möchten nicht, dass Deutschland in ausländischen Kitas durch eine Puppe in Lederhose oder Dirndl repräsentiert wird und die Kinder dort daraus schließen, dass alle Deutschen immer so gekleidet sind.

Auch macht es Sinn, einen interkulturellen Kalender* in der Kita aufzuhängen, aus dem auch die Feiertage und Feste anderer Religionen außer der christlichen hervorgehen. Damit kann man einerseits in Kontakt mit den jeweiligen Familien treten, indem man sich erkundigt, welche Feste bei ihnen gefeiert werden und in welcher Form, andererseits ist man in der Lage, am richtigen Tag entsprechend zu gratulieren, Glück zu wünschen etc. Dies schafft Verständnis und Vertrauen zueinander.

Verschiedene Sprachen kennenlernen:
Wunderbar ist es, wenn am Eingang zur Kita ein großes Schild oder Plakat zu sehen ist, auf dem „Herzlich Willkommen" in so vielen Sprachen und Schriften wie möglich steht. Dann kann sich wirklich jeder und jede willkommen fühlen. Eine Anregung dazu finden Sie auf Seite 15 („Herzlich Willkommen"). Wenn Sie möchten, dann machen Sie doch zusätzlich einen Aushang und fragen Sie nach den Sprachkenntnissen Ihrer Kita-Eltern – und zwar von allen. So haben Sie bei Bedarf gleich einen Übersetzer zur Hand, sollten ein neues Kind und dessen Eltern die deutsche Sprache noch nicht beherrschen. Außerdem bietet es sich an, im Laufe der Wochen immer an einem bestimmten Tag die Sprache eines der Kinder in der Gruppe kennenzulernen und zum Beispiel anhand eines Bilderbuches (das vielleicht auch in der jeweiligen anderen

* Den interkulturellen Kalender kann man zum Beispiel beim Diakonischen Werk (Interkulturelle Öffnung), Hamburg-Ost/ Süd-Holstein, bestellen (Tel.: 040 / 32 59 98 55) oder unter *www.bamf.de* downloaden. Hier geben Sie bitte „interkultureller Kalender" in das Suchfeld ein.

Vorbemerkungen und Arbeitshinweise

Sprache vorliegt) Wörter und Sätze aus dieser Sprache zu lernen. Vielleicht kann auch ein Elternteil in der Kita ein Buch in dieser Sprache vorlesen oder den Kindern ein paar einfache Wörter und Sätze („Hallo", „Tschüss", „Guten Morgen", „Ich heiße ...") beibringen. Das macht allen Kindern Spaß und eröffnet neue Horizonte. Gut geeignet für ein Kind, das neu in die Gruppe kommt und unsere Sprache lernen möchte, ist auch ein Patenkind. Dies ist im Idealfall ein fünf oder sechs Jahre altes Kindergartenkind, das „seinem" Patenkind etwas zeigen und ihm helfen kann, Sachen und Räume zu finden, und ihm Dinge erklärt, die es noch nicht kennt. Dies ist für beide Seiten von Vorteil.

Internetadressen und Literaturtipps

Links und Downloads im Internet:
- Interkultureller Kalender: *www.bamf.de* („Interkultureller Kalender" in das Suchfeld eingeben)
- Refugeeguide (einfache und verständliche Informationen über Deutschland für Geflüchtete und Interessierte in mehreren Sprachen): *www.refugeeguide.de*
- Unter dem folgenden Link können Sie den Suchbegriff „Interkulturelle Erziehung" eingeben und erhalten verschiedene Aufsätze zum Thema: *www.kindergartenpaedagogik.de*

Medientipps:
- *www.wdrmaus.de*
  Hier finden Sie u. a. Informationen für Kinder zum Ukrainekrieg und auch die Möglichkeit, einmal in den Klang fremder Sprachen hineinzuhören.
- *www.faz.net/aktuell/feuilleton/familie/wie-erklaere-ich-s-meinem-kind/kindern-erklaert-wer-fluechtlinge-eigentlich-sind-13810227.html*
  Wie kann ich Kindern erklären, wer Geflüchtete sind?

Literaturtipps:
- Boie, Kirsten: Bestimmt wird alles gut. Klett Kinderbuch, Leipzig, 2016
- Brombacher, Mareike: Weltreligionen im Kindergarten. BVK Buch Verlag Kempen, Kempen, 2016
- Hächler, Bruno: Ich bin wie ich bin. NordSüd Verlag, Zürich, 2010 (nur noch gebraucht erhältlich)
- Hoffman, Mary: Du gehörst dazu – das große Buch der Familien. FISCHER Sauerländer, Frankfurt am Main, 2010
- Kimura, Ken: 999 Froschgeschwister und ein kleiner Bruder. NordSüd Verlag, Zürich, 2015 (nur noch gebraucht erhältlich)
- Kobald, Irena: Zuhause kann überall sein. Knesebeck, München, 2022 (auch in einer deutsch-arabischen Fassung vorhanden)
- Lionni, Leo: Das kleine Blau und das kleine Gelb. Oetinger, Hamburg, 1962
- Lionni, Leo: Swimmy. Beltz & Gelberg, Weinheim, 2016
- Lobe, Mira: Das kleine Ich bin Ich. Jungbrunnen, Wien, 2016
- Mai, Manfred: Wir sind Kinder dieser Welt. ARENA Verlag, Würzburg, 1994
- Osuji, Wilma: Die 50 besten Spiele zum interkulturellen Lernen – Don Bosco-MiniSpielothek. Don Bosco Verlag, München, 2010
- Stalfelt, Pernilla: So bin ich und wie bist du? Ein Buch über Toleranz. Klett Kinderbuch, Leipzig, 2021

Vorbemerkungen und Arbeitshinweise

Handreichung für Feste aus anderen Kulturen

Hinweis:
Bitte feiern Sie diese Feste nicht nach, da es sich meist um religiöse Feste handelt und dabei möglicherweise religiöse Gefühle verletzt werden können. Tauschen Sie sich aber gerne mit den Kindern darüber aus und basteln oder singen Sie etwas dazu. Sie können die Wertschätzung „fremder" Feste auch ausdrücken, indem Sie den Menschen, die diese Feste feiern, gratulieren oder kleinere Elemente dieser Feste in den Kita-Alltag einbeziehen.

In buddhistisch geprägten Kulturen:
Vesakh: Dieses Fest findet nach dem Sonnenkalender am Vollmondtag des vierten Monats, also im Mai oder Anfang Juni, statt. Hier wird Buddhas Geburt gefeiert, seine Erleuchtung und sein Eingang in das Nirwana. Das Nirwana ist der ideale Zustand der Vollkommenheit nach dem Tod – ähnlich dem Paradies für Christen. Für das Fest schmücken die Menschen die Straßen mit Laternen und Fahnen und lassen brennende Kerzen auf Flüssen schwimmen.
In der Kita können Sie zum Beispiel unter Aufsicht der Erzieher*innen Kerzen in einer Wasserschale schwimmen lassen.

In hinduistisch geprägten Kulturen:
Diwali: Dieses Fest ist bei den Hinduisten so bedeutsam wie bei den Christen Weihnachten. Es ist ein Lichterfest und findet im Oktober oder November, abhängig vom hinduistischen Kalender, statt. Mit vielen Lichtern – kleinen Öllampen, aber auch elektrischen Lichtern – soll gezeigt werden, dass das Gute über das Böse siegt. Diese Lichter werden in die Fenster und um die Statuen der Götter des Hinduismus herum aufgestellt. Auch Papiergirlanden werden aufgehängt. Das Fest ist der Göttin Lakshmi gewidmet, aber auch ihrem Ehemann Vishnu wird Respekt gezollt: Knallfrösche und Feuerwerk gibt es ihm zu Ehren. Die Hinduisten glauben außerdem, dass die vielen Lichter den Verstorbenen den Weg in den Himmel weisen.
In der Kita könnten Sie während dieser Zeit zum Beispiel Lichterketten aufhängen.

In muslimisch geprägten Kulturen:
Fest des Fastenbrechens: Das Fest beginnt mit der Sichtung des Neumonds nach dem Fastenmonat Ramadan (der 9. Monat im islamischen Mondkalender) und dauert zwei bis vier Tage. Zu Ehren Mohammeds fasten die Muslime im Ramadan. Sie glauben, dass in diesem Monat der Koran herabgesandt wurde. Von der Morgendämmerung bis zum Sonnenuntergang essen und trinken Muslime im Ramadan nichts. Für Kinder ab der Pubertät und für alle, die das Fasten ohne gesundheitlichen Schaden durchführen können, ist dies Pflicht. Alte, Kranke, stillende Mütter und Schwangere hingegen sind von dieser Pflicht ausgenommen. Zum Schluss gibt es ein großes Fest, bei dem gemeinsam gegessen, getrunken und gefeiert wird, weil man den Fastenmonat gut überstanden hat. Während dieses Festes beten Muslime, besuchen ihre Familie und essen gemeinsam mit dieser und ihren Freunden. Weil es für die Kinder sehr viele Süßigkeiten gibt, wird dieses Fest in einigen Gegenden auch „Zuckerfest" genannt.
In der Kita können Sie beispielsweise am Ende des Ramadans eine Süßigkeit an alle Kinder verteilen.

In jüdisch geprägten Kulturen:
Chanukka: Ende November/Anfang Dezember findet das Chanukka-Fest statt. Da der jüdische Kalender sich nach dem Mond richtet, variiert das Datum. Das Fest wird auch „Lichterfest" genannt und dauert acht Tage. Während dieser Tage versammeln sich abends Familie und Freunde und feiern gemeinsam. Die Kinder bekommen Geschenke und Süßigkeiten. An jedem Abend wird eine weitere Kerze an einem achtarmigen Leuchter angezündet. Der Anlass des Festes ist die Erinnerung daran, dass der Jerusalemer Tempel wiedereingeweiht wurde. Übersetzt bedeutet Chanukka „Weihung".
In der Kita können Sie beispielsweise während der Chanukka-Feierlichkeiten an jedem der acht Tage – unter Aufsicht der Erzieher*innen – eine Kerze anzünden.

Was brauche ich in einem fremden Land? (ab 4 Jahren)

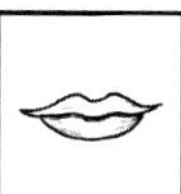

Material:
Kopiervorlage „Flucht“ (s. S. 8), Kopiervorlage „Koffer und Haustür“ (s. S. 9), Klebeband, Buntstifte, ggf. 1 Laminiergerät und -folie

Vorbereitung:
Die Erzieherin kopiert die Vorlagen „Flucht“ und „Koffer und Haustür“. Die Vorlage „Koffer und Haustür“ wird im Großformat (ca. 200 %) kopiert. Anschließend malt die Erzieherin die Karten der Vorlage „Flucht“ an und schneidet sie aus. Zur besseren Haltbarkeit können die Karten (außer die Blankokärtchen) laminiert werden.
Die Kinder bilden einen Stuhlkreis. In der Mitte liegen die Bildkarten verdeckt ausgebreitet. An der Wand neben dem Stuhlkreis hängt die Erzieherin die großformatigen Motive „Koffer“ und „Haustür“ auf. Sie hält Klebeband bereit.

Spielanleitung:
1. Die Erzieherin erzählt den Kindern eine kleine Geschichte: „Stellt euch vor, ihr fahrt auf einem Schiff. Plötzlich kommt ein starker Sturm und treibt euch weit hinaus auf das Meer. Ihr strandet auf einer Insel und glaubt, dass ihr nun ein Jahr lang auf dieser Insel bleiben müsst, bis euch jemand rettet.“
2. Nun fragt die Erzieherin: „Was braucht ihr auf dieser Insel, um leben zu können? Wenn ihr schon vorher davon gewusst hättet – was hättet ihr dann alles eingepackt?“
3. Wir können von Kindern aus anderen Ländern lernen. Habt ihr Ideen, was?(Nahrung, Kleidung, Toilettenpapier, Spielsachen, Lieblingskuscheltier, Zahnbürste, Wasser, Freunde und Freundinnen, einen Kindergarten, eine Rutsche ...).
4. Dann decken die Kinder reihum immer eine Karte auf und sagen, warum sie die Sache auf der Karte auf der Insel dringend bräuchten oder warum eben nicht. Könnte man auch ein Jahr lang darauf verzichten? Wenn die Kinder etwas nennen, das sie unbedingt mitnehmen möchten, was aber auf keiner Karte zu finden ist, können Sie diese Sache auf eines der Blankokärtchen malen.
5. Mit Klebeband befestigt die Erzieherin die Karten an dem Koffer (alles, was die Kinder mitnehmen oder brauchen würden) bzw. an der Haustür (alles, worauf die Kinder für einige Zeit verzichten könnten).
6. Zum Schluss betrachten die Kinder insbesondere die Seite mit dem Koffer.
7. Die Erzieherin macht nun deutlich: „So, wie ihr hier auf der Insel gestrandet seid, müssen manche Kinder plötzlich vor Krieg fliehen. Sie können nicht viel mitnehmen. Aber um bei uns leben zu können, benötigen sie bestimmte Sachen. Sie brauchen nicht nur Essen und Trinken. Sie brauchen auch Freunde und Freundinnen, sie brauchen Ärzte und Spielsachen und alles, was ihr auch benötigt. Aber weil sie häufig sehr viel Geld für die Flucht ausgegeben oder manchmal auch im Krieg schon alles verloren haben, können sie sich viele Dinge bei uns nicht leisten oder kaufen. Deshalb brauchen sie unsere Hilfe.“
   Wissen die Kinder noch nicht, was Krieg ist, sollte die Erzieherin dies den Kindern kindgerecht erklären. Ein Angebot dazu finden Sie auch auf Seite 30.

Gesprächsanregungen:
- Was würdet ihr tun, um Kindern zu helfen, die geflüchtet sind?
- Habt ihr auch schon einmal Hilfe gebraucht?
- Wir können von Kindern aus anderen Ländern lernen.
  Habt ihr Ideen, was? (andere Sprachen, Rezepte, Kinderspiele ...)
- Wobei helft ihr euch hier im Kindergarten gegenseitig?
- Was würdet ihr einem neuen Kind in unserer Gruppe als erstes zeigen wollen?

Kopiervorlage „Flucht“

ZAHNPASTA

BVK • Mareike Brombacher: Kita aktiv „Projektmappe Interkulturelle Bildung – unsere Welt ist bunt“

Kopiervorlage „Koffer und Haustür“

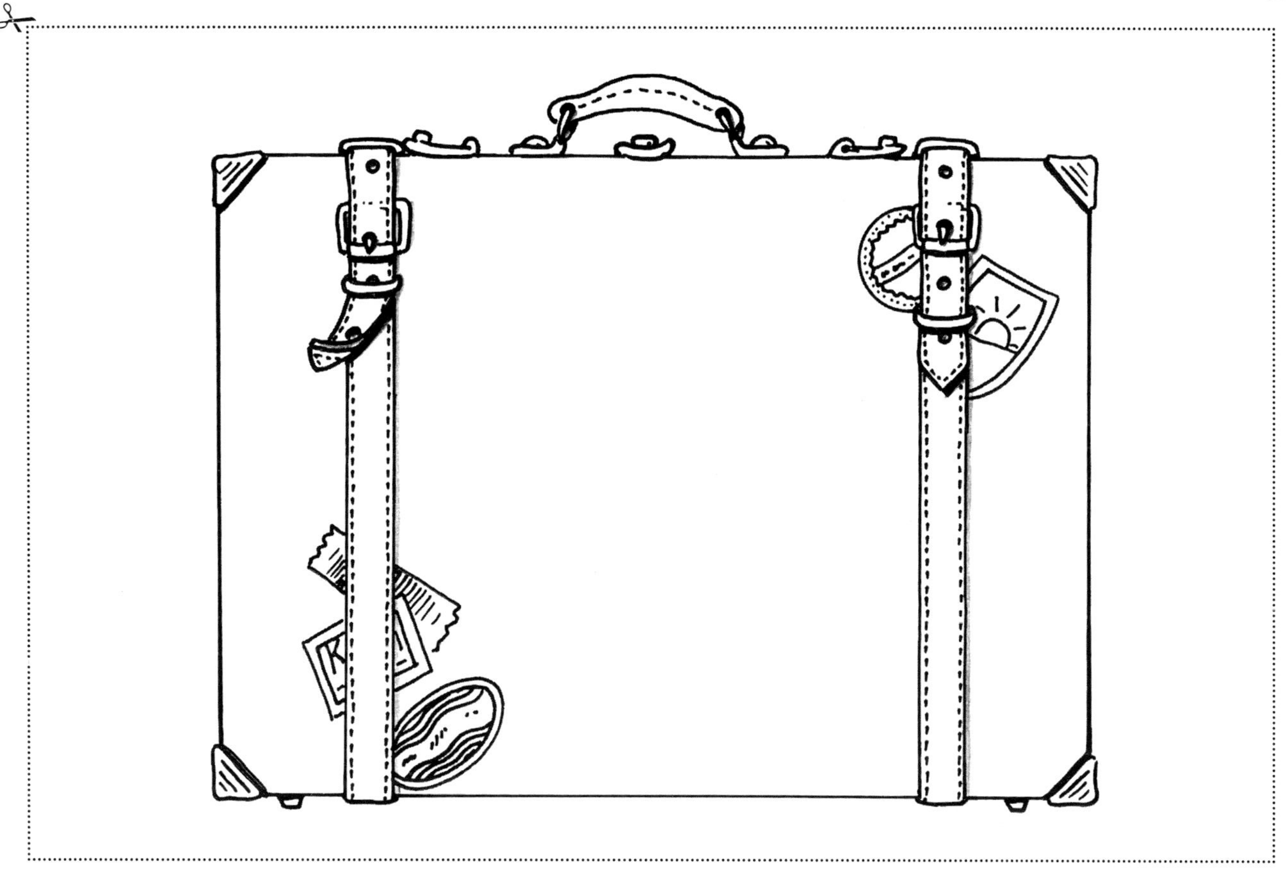

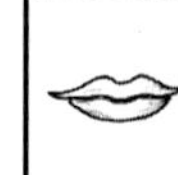

Verstehst du mich? (ab 4 Jahren)

Um den Kindern ein Gefühl dafür zu geben, wie es ist, wenn die eigene Sprache nicht verstanden wird, und um deutlich zu machen, dass die Menschen sich auch ohne eine gemeinsame Sprache untereinander verständigen können, eignet sich das folgende Spiel.

Material:
10 Gegenstände aus der Gruppe, die auch in anderen Gruppen des Kindergartens vorhanden sind (z. B. Buntstift, Ball, Puppe, Bilderbuch, Kochlöffel aus der Spielküche, Bauklotz, Auto, Decke, Stuhl, Trinkbecher).
Für Kindergruppen unter 4 Jahren insgesamt nur 3–5 Gegenstände bereitlegen.

Spielanleitung:

1. Es werden zwei Gruppen gebildet. Die Kinder setzen sich mit ihrer jeweiligen Gruppe in einen Stuhlkreis. Die Erzieherinnen erklären den Kindern, dass manche Kinder in ein fremdes Land kommen und die Sprache nicht verstehen. Wie das ist, sollen die Kinder nun erleben. Dann legen die Erzieherinnen die Gegenstände in die Mitte auf den Boden.

2. Nun nehmen die Erzieherinnen den ersten Gegenstand und fragen, was das ist. Die Kinder sehen zum Beispiel ein Spielzeugauto und benennen es. Die Erzieherinnen bestätigen dies und erklären: „Nun überlegen wir uns ein anderes Wort dafür, ein Wort, das es noch gar nicht gibt. Wir erfinden es. Wie wollen wir das Wort in unserer Fantasiesprache nennen?“ **Tipp:** Diese Fantasiesprache kann den Namen der Gruppe erhalten, zum Beispiel sprechen wir dann auf „Hasisch“ oder „Bärisch“.

3. Die Kinder überlegen gemeinsam einen Fantasiebegriff. Falls den Kindern keiner einfällt, wären dies Vorschläge für die oben genannten Beispiele: Buntstift – *Mula,* Ball – *Bami,* Puppe – *Suka,* Bilderbuch – *Milo,* Kochlöffel – *Lari,* Bauklotz – *Kapp,* Auto – *Hampf,* Decke – *Mick,* Stuhl – *Blox,* Trinkbecher – *Sola.* (Werden genau diese Begriffe verwendet, bietet es sich an, in jeder Gruppe jeweils fünf unterschiedliche Gegenstände und Begriffe zu verwenden.)

4. Nun dürfen die Kinder mit diesen neuen Wörtern ein wenig „spielen“. Die Erzieherinnen beginnen: „Gibst du mir bitte den *Mula?*“ Das Kind weiß aufgrund der vorherigen Absprache: *Mula* bedeutet Buntstift. Also gibt es der Erzieherin den Buntstift. So verfährt die Erzieherin mit einigen weiteren Gegenständen.

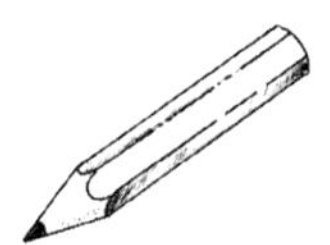

5. Jetzt wissen nur die Kinder dieser Gruppe, was die Wörter bedeuten. Sie gehen gemeinsam mit der Erzieherin in die andere Gruppe und fragen in ihrer „Fremdsprache“ nach dem jeweiligen Gegenstand: „Könnt ihr uns bitte einen *Kapp* ausleihen?“. Die Reaktion in der anderen Gruppe wird sein, dass die Kinder nicht wissen, was gemeint ist. Dies ist für viele Kinder eine neue Erfahrung. Sie sind aufgefordert, sich mit Händen und Füßen so verständlich zu machen, dass die Kinder der anderen Gruppe sie verstehen. **Achtung:** Das „richtige“ Wort darf nicht verraten werden!

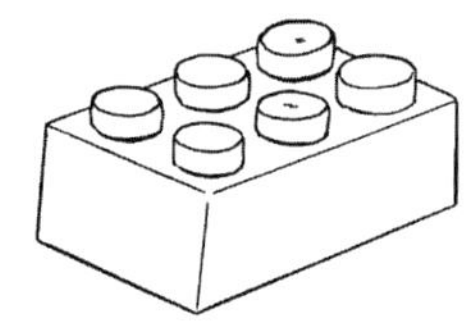

Den Kindern wird deutlich, wie es ist, wenn nicht alle Menschen das gleiche Wort für einen bestimmten Gegenstand verwenden und wie schwierig es für Kinder aus anderen Ländern ist, wenn sie zu uns kommen und die deutsche Sprache noch nicht kennen. Die Kinder finden aber gemeinsam Lösungen: Sie können zum Beispiel auf die Gegenstände zeigen und sich dann von der anderen Gruppe sagen lassen, wie beispielsweise der Bauklotz bei ihnen heißt.

Lustige Verwechslungen (ab 3 Jahren)

Material:

–

Spielanleitung:

Die Erzieherin erklärt den Kindern im Stuhlkreis: „Menschen, die in ein anderes Land kommen, können die Sprache, die dort gesprochen wird, manchmal noch nicht sprechen und verstehen. Ihnen fällt es erst einmal schwer, andere Menschen zu verstehen. Manchmal hört sich ein Wort auf Deutsch auch so ähnlich an wie zum Beispiel ein Wort auf Englisch, aber es bedeutet etwas ganz anderes. Ich habe für euch Wörter herausgesucht, die aus anderen Sprachen kommen, zum Beispiel englische und italienische Wörter. Was könnte jemand aus England meinen, wenn er von *mist* spricht?"

Die Kinder raten. Dann kommt die Auflösung: *mist* ist das englische Wort für Nebel! So verfährt die Erzieherin mit den weiteren Begriffen. Anschließend kann sie die Kinder fragen, ob sie vielleicht selbst Wörter aus anderen Sprachen kennen, die deutsch klingen, aber in einer anderen Sprache etwas anderes bedeuten.

Beispielwörter:

Maorisch (Sprache der Eingeborenen in Neuseeland):
kino = schlecht, *papa* = Erde
Englisch: *mist* = Nebel, *chips* = Pommes
Italienisch: *bello* = schön, *cozze* = Muscheln, *latte* = Milch
Kurdisch: *au* = Wasser, *aua* = Sie, *bock* = Frosch

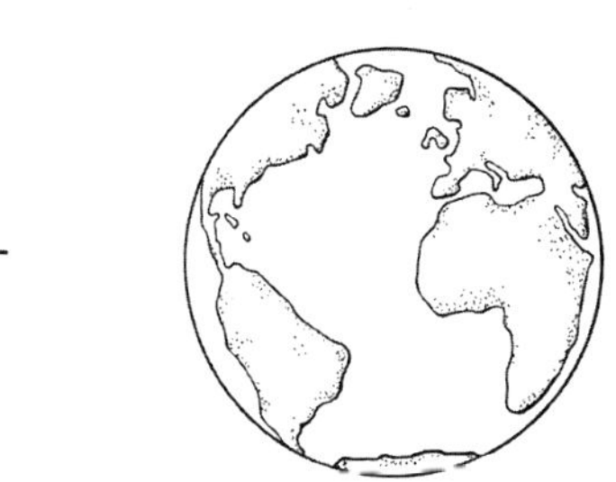

Ich packe meinen Koffer (ab 4 Jahren)

Material:

Kopiervorlage „Flucht" (s. S. 8), 1 Schere, Buntstifte, ggf. 1 Laminiergerät und -folie

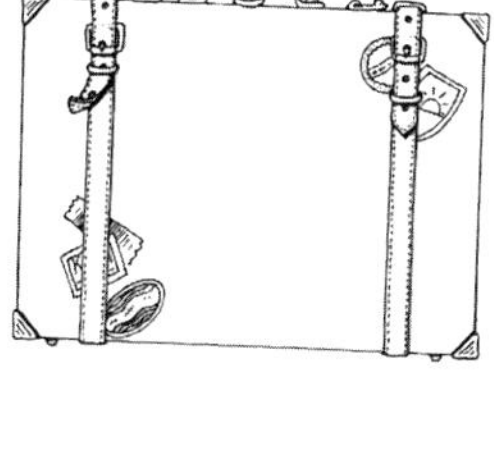

Vorbereitung:

Die Erzieherin kopiert die Vorlage „Flucht", schneidet die Kärtchen aus, malt sie gemeinsam mit den Kindern an und laminiert sie gegebenenfalls.

Spielanleitung:

1. Gespielt wird nach den klassischen Regeln von „Ich packe meinen Koffer", aber mit Unterstützung durch die Bildkarten.
2. Die Kinder bilden einen Stuhlkreis. Auf dem Boden in der Mitte liegen die aufgedeckten Bildkarten. Gespielt wird im Uhrzeigersinn.
3. Das erste Kind beginnt: Es wählt eine Karte und sagt zum Beispiel: „Ich packe meinen Koffer und nehme eine Zahnbürste mit." Es legt die Karte verdeckt neben sich oder in seinen Schoß.
4. Das Kind daneben nimmt ebenfalls eine Karte aus der Mitte und sagt beispielsweise: „Ich packe meinen Koffer und nehme eine Zahnbürste und ein Buch mit." Es legt die betreffende Karte ebenfalls verdeckt neben sich oder in seinen Schoß.
5. So geht es weiter. Je nach Gruppengröße ist das Spiel länger oder kürzer. Spielen beispielsweise nur vier Kinder mit, können auch zwei Runden gespielt werden. Bei zwanzig Kindern ist eine Runde schon eine Herausforderung. Kommen Kinder ins Stocken und wissen nicht weiter, kann das Kind, dessen Gegenstand ihnen nicht mehr einfällt, helfen und seine Karte zeigen.

Vorlesegeschichte: „Habari!“ (ab 3 Jahren)

Timo langweilt sich. Heute hat niemand Zeit für ihn. Was soll er bloß mit sich anfangen? Seine Freundin Sara ist beim Reiten. Und sein Freund Max ist krank. Mama ist arbeiten und Papa hat auch keine Zeit für ihn. Er macht die Wohnung sauber und da ist Timo nur im Weg. Er schlendert missmutig nach draußen. Ist das doof, dass niemand Zeit für ihn hat! Timo überlegt. Vielleicht sind auf dem Spielplatz gegenüber ja Kinder, mit denen er spielen kann. Er geht hin. Doch was ist das? Kein Kind ist auf dem Spielplatz zu sehen. Timo setzt sich auf die Schaukel. Das wird wohl ein ziemlich langweiliger Tag heute.

Da hört er plötzlich Schritte: Hinter dem Spielplatz-Zaun taucht eine Frau mit einem Jungen an der Hand auf. Timo freut sich: Endlich ist jemand da, mit dem er spielen kann! Fröhlich läuft er auf den Jungen zu. Aber der schaut ganz schüchtern und versteckt sich hinter seiner Mama. Doch die schiebt ihn ein wenig nach vorn und setzt sich auf eine Bank. Sie sagt etwas zu dem Jungen, das Timo nicht versteht. Trotzdem sagt er vorsichtig „Hallo!“ zu dem Jungen. Der hebt schüchtern die Hand. „Habari“, flüstert er. Das versteht Timo nicht. Aber vielleicht heißt das ja auch „hallo“ – nur in einer anderen Sprache?
„Ich heiße Timo!“, sagt er. „Und wer bist du?“ Als der Junge nichts sagt, überlegt Timo, was er nun tun könnte. Ah! Jetzt fällt ihm etwas ein! Er tippt mit der Hand auf seine Brust und sagt: „Timo!“ Dann zeigt er auf den Jungen.
„Timo?“, fragt der Junge. Timo nickt. Jetzt macht der Junge das Gleiche und sagt: „Saburi.“ Er hält Timo seine Schaufel hin. Timo nickt begeistert – endlich hat er jemanden zum Spielen gefunden! Gemeinsam gehen sie zum Sandkasten.

Saburi und Timo bauen eine riesengroße Sandburg mit vielen Gängen und Türmen. Es macht gar nichts, dass sie nicht die gleiche Sprache sprechen – sie verständigen sich einfach mit Händen und Füßen. Und sie lernen neue Wörter voneinander – Timo weiß jetzt schon, dass „habari“ „hallo“ heißt und dass Saburi aus Tansania kommt. Das ist ein Land in Afrika.
Er kann es kaum erwarten, Saburi seinen Freunden Sara und Max vorzustellen! Saburi hat tolle Ideen, wie man Sandburgen bauen kann. Doch da winkt Saburis Mutter ihn zu sich – es wird schon dunkel!
„Baadaye!“, sagt Saburi.
Das heißt bestimmt „tschüss“. Timo winkt den beiden nach. Hoffentlich kommt Saburi morgen wieder zum Spielplatz!

Gesprächsanregungen:

- Was meint ihr: Wie haben die beiden sich verständigt?
- Warum hat das geklappt?
- Habt ihr auch schon einmal jemanden kennengelernt, den ihr nicht verstanden habt? Wie war das?

Die Rose – Ein Gedicht mit mehreren Sprachen (ab 4 Jahren)

Material:
Gedicht „Die Rose – Ein Gedicht mit mehreren Sprachen“ (s. u.), 1 Rose, 1 Plastik- oder Seidenvase

Spielanleitung:
Die Erziehrin liest den Kindern das Gedicht zunächst einmal vor. Dann sprechen die Kinder das Gedicht mehrmals gemeinsam mit der Erzieherin. Dann spielen sie ein Rollenspiel. (Die Szenen entsprechen den Strophen, s. u.) Die Erzieherin liest den Text vor und gibt den Kindern beim ersten Mal Hinweise, was sie zwischen den Versen tun sollen.

Vorlesetext: „Die Rose – Ein Gedicht mit mehreren Sprachen“	Szenen
„Bonjour“, sagt Michel, der Franzose, und schenkt Margareta eine Rose.	*Ein Junge gibt einem Mädchen eine Rose. Es nimmt sie.*
„Tack ska du ha“, sagt Margareta daraufhin, denn das heißt auf Schwedisch Dankeschön.	*Das Mädchen verbeugt sich.*
Jetzt kommt „Hallo“ auf Arabisch, denn Aylin aus Syrien ist da: „Marhaba“, sagt Aylin und steckt sich die Rose in ihr Haar.	*Das Mädchen mit der Rose gibt diese dem nächsten Mädchen, das die Rose in sein Haar steckt.*
Fröhlich läuft sie mit der Rose los, sieht James aus England, doch was sagt sie ihm bloß?	*Das Mädchen mit der Rose im Haar läuft zu einem Jungen und bleibt vor ihm stehen.*
Sie zeigt auf James und dann auf die Blüte, er nimmt sie gern an, doch steckt sie nicht in die Tüte.	*Es zeigt auf den Jungen, dann auf die Rose. Der Junge nimmt die Rose.*
„Do you like flowers?“, fragt er den Jungen daneben. „Sí“, sagt Miguel auf Spanisch, „die kannst du mir geben!“	*Der Junge mit der Rose gibt diese an einen anderen Jungen weiter.*
Er gibt ihm die Rose, Miguel bedankt sich: „Gracias“, und schaut mal, welches Kind hier noch keine „rosa“ hat.	*Der nächste Junge mit der Rose hält diese in der Hand und schaut sich unter den Kindern um.*
„Möchtest du die Rose?“, fragt er Mojgan (sprich: Moschgan). „Bale“, sagt sie auf Persisch, „gern nehm ich die an.“	*Der Junge mit der Rose gibt diese an ein Mädchen weiter.*
Zum Schluss sagt Mohammed aus der Türkei „Bir, iki, üc“ – das heißt „Eins, zwei, drei.“ Er holt eine Vase und stellt sie bereit. Die Kinder sind sich einig: Es ist nun so weit.	*Ein Junge holt eine Vase. Das Mädchen stellt die Rose hinein.*
Das Gedicht ist zu Ende, hier kommt die Rose hin, denn hier können alle Kinder sie jederzeit sehen.	*Alle Kinder klatschen.*

Elternbrief: Gedichte aus anderen Ländern

Material:
Kopiervorlage „Elternbrief" (s. u.)

Arbeitsanleitung:
Die Erzieherinnen geben den Eltern einen Brief mit, in dem sie um Kindergedichte, Geschichten und Märchen aus anderen Ländern oder Kulturkreisen bitten. Diese sollten in der Originalsprache sowie in der jeweiligen deutschen Übersetzung vorliegen. Sie werden den Kindern dann von den Erzieherinnen oder den Eltern vorgelesen.
Vielleicht können die Texte auch auf lange Sicht in den Kita-Alltag einbunden werden. Beispielsweise können die Kinder sich an ihren Geburtstagen jeweils ein Märchen, ein Gedicht oder eine Geschichte wünschen, die ihnen vorgelesen wird.

Kopiervorlage „Elternbrief"

Liebe Eltern,

zurzeit läuft in unserer Gruppe das Projekt „Interkulturelle Bildung – unsere Welt ist bunt". Deshalb möchten wir gerne zusammen mit den Kindern Gedichte, Geschichten und Märchen aus anderen Ländern und Kulturen kennenlernen.

Wenn Sie ein Gedicht, eine Geschichte oder ein Märchen kennen, teilen Sie uns

dies bitte bis zum ____________________ mit – gerne in der Originalsprache mit der jeweiligen Übersetzung, sodass wir den Kindern erklären können, worum es geht. Dabei spielt es keine Rolle, ob Sie die arabische, iranische, schwedische, englische, französische oder eine andere Sprache für die Texte hinzuziehen – wir freuen uns über jeden Impuls.

Vielleicht haben Sie auch Lust, zu uns in die Kita zu kommen und uns den Text in der jeweiligen Sprache vorzulesen. Sprechen Sie dazu doch einfach eine der

Erzieherinnen der ______________________________-Gruppe an.

Wir freuen uns auf Sie und Ihre Ideen!

Vielen herzlichen Dank schon einmal im Voraus!

Viele Grüße

von den Erzieherinnen der ______________________________ - Gruppe

Herzlich Willkommen (ab 3 Jahren)

Material:
Kopiervorlage „Willkommen" (s. u.), Buntstifte, Kleber, Plakat aus festem Papier / Karton / Tonkarton in DIN A3 (Farbe nach Wunsch)

Arbeitsanleitung:
1. Die Erzieherin kopiert die Vorlage „Willkommen" hoch und die Kinder erhalten in dreizehn Sprachen den Ausspruch „Herzlich Willkommen".
2. Sie schneiden die Sätze mit Hilfe der Erzieherin aus, malen sie an und kleben sie auf das Plakat.
3. Nun muss nur noch ein schöner Platz für die Plakatwand gefunden werden, zum Beispiel an der Gruppen- oder Eingangstür. So fühlt sich jeder in Ihrer Kita willkommen.

Hinweis:
Wird dieser Willkommensgruß am großen Eingang angebracht, ist das ein schönes Signal für den gesamten Kindergarten. Es zeigt, dass jeder Mensch, egal welcher Herkunft, willkommen ist. So werden außerdem alle Sprachen der Familien gewürdigt, deren Kinder die Kita besuchen. Das Plakat kann natürlich um beliebig viele Sprachen erweitert werden.

Kopiervorlage „Willkommen"

Herzlich Willkommen

Добро пожаловать
Russisch

bi xêr hatî
Kurdisch

Karibuni
Suaheli

Hoşgeldiniz
Türkisch

powitanie
Polnisch

bienvenue
Französich

أهلاً و سهلاً
Arabisch

welcome
Englisch

Mirë se vini
Albanisch

benvenuto
Italienisch

Dobro došli
Bosnisch, Kroatisch

bienvenida
Spanisch

Bei Bedarf bitte hochkopieren.

„Bruder Jakob“ in verschiedenen Sprachen (ab 3 Jahren)

Material:
Lied „Bruder Jakob“ in verschiedenen Sprachen (s. u.)

Vorbereitung:
Die Erzieherin übt das Lied „Bruder Jakob“ mit den Kindern zunächst auf Deutsch. Wenn die Kinder Text und Melodie können, kann eine weitere Sprache gewählt werden, in der das Lied gesungen wird. Auf *www.youtube.de* kann das Lied in verschiedenen Sprachen vorab angehört werden.

Hinweis:
Die Erzieherin kann auch Eltern der Kinder ansprechen, von denen sie weiß, dass diese noch eine andere Sprache als die deutsche sprechen können, und sie bitten, gemeinsam mit den Kindern die Aussprache zu üben und das Lied zu singen. Es bietet sich bei manchen Sprachen an, einige ihrer Wörter zu untersuchen: Welche Wörter verstehen die Kinder vielleicht, weil sie sich ähnlich anhören wie deutsche Wörter? Was hört sich ganz anders an, bedeutet aber dasselbe?

„Bruder Jakob“ in verschiedenen Sprachen

Deutsch: Bruder Jakob, Bruder Jakob, schläfst du noch? Schläfst du noch? Hörst du nicht die Glocken? Hörst du nicht die Glocken? Ding, dang, dong, ding, dang, dong.	**Polnisch:** Panie Janie! Panie Janie! Rano wstań! Rano wstań! Wszystkie dzwony biją, Wszystkie dzwony biją. Bim, bam, bum. Bim, bam, bum.
Türkisch: Yakop usta, Yakop usta, Uyuyormusun, Uyuyormusun? Çani duymadinmi, Çani duymadinmi? Ding, dang, dong. Ding, dang, dong.	**Dänisch:** Mester Jakob, Mester Jakob, sover du, sover du? Hører du ej klokken, hører du ej klokken? Bim, bam, bum. Bim, bam, bum.
Französisch: Frère Jacques, Frère Jacques, dormez-vous, dormez-vous? Sonnez les matines, sonnez les matines? Ding, ding, dong. Ding, ding, dong.	**Italienisch:** Frà Martino, companaro, dormi tu, dormi tu? Suona le campane, suona le campane. Din, dan, don. Din, dan, don.
Englisch: Are you sleeping, are you sleeping, brother John, brother John? Morning bells are ringing, morning bells are ringing. Ding, dang, dong. Ding, dang, dong.	**Spanisch:** Martinillo, Martinillo ¿Dónde está, dónde está? Toca la campana, toca la campana, Din don dan, din don dan.
Niederländisch: Vader Jacob, Vader Jacob, slaapt gij nog, slaapt gij nog? Alle klokken luiden, alle klokken luiden. Bim, bam, bom. Bim, bam, bom.	**Tschechisch:** Bratře Kubo, Bratře Kubo, Ještě spíš, ještě spíš? Vstávej zu je ráno, vstávej zu je ráno, Bim, bam, bum. Bim, bam, bum.
Rumänisch: Frate Ioane, Frate Ioane, oare dormi tu, oare dormi tu? Suna clopotelul, suna clopotelul. Ding, dang, dong. Ding, dang, dong.	**Hebräisch:** Achinu Jaacov, Achinu Jaacov al tischaan, al tischaan, hapa-amon mezalzäl, hapa-amon mezalzäl. Ding, dang, dong. Ding, dang, dong.
Arabisch: أيها الأخ يعقوب.. أيها الأخ يعقوب.. ألا زلت نائما؟ ألا زلت نائما؟ ألم تسمع الأجراس؟ ألم تسمع الأجراس؟ دينغ .. دانغ ... دونغ..	**Aussprache:** Chūī hasanin, Chūī hasanin Zaīdu nʿsū, Zaīdu nʿsū Hattā īdriba nāqūsunā, Hattā īdriba nāqūsunā ʿāda nfīqū, ʿāda nfīqū

BVK • Mareike Brombacher: Kita aktiv „Projektmappe Interkulturelle Bildung – unsere Welt ist bunt“

Englisch: Head, Shoulders, Knees and Toes (ab 4 Jahren)

Spielanleitung:
Beim Singen des Liedes zeigen die Kinder auf die jeweiligen Körperteile (s. deutsche Übersetzung).

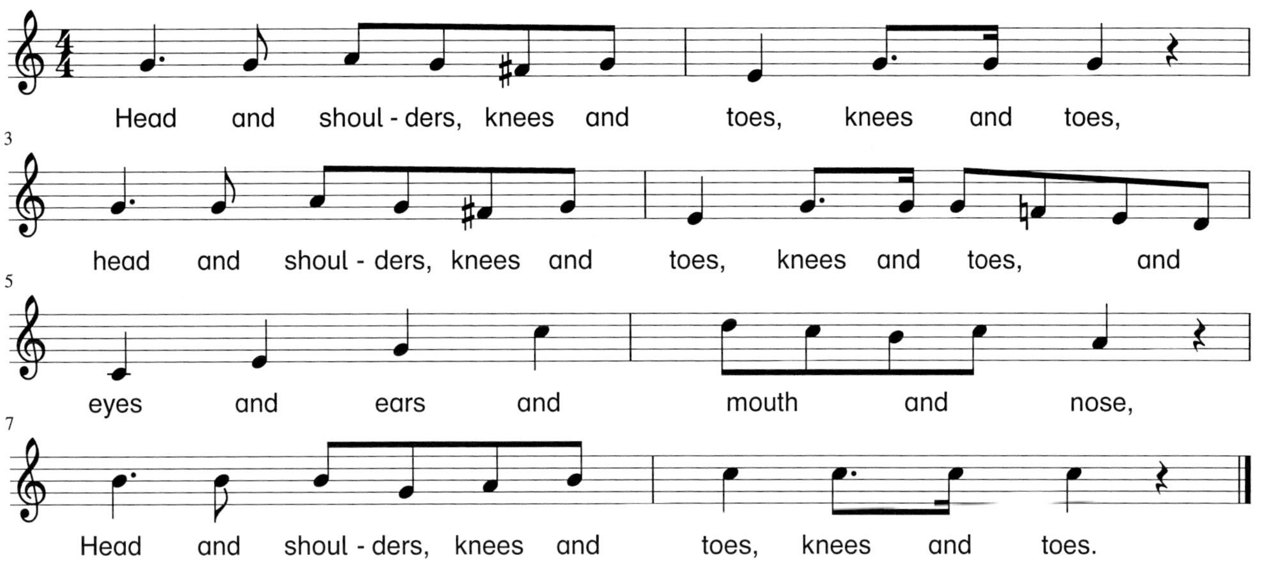

Text und Melodie: traditionell aus dem englischsprachigen Raum

Deutsche Übersetzung:
Kopf und Schultern, Knie und Zehen, Knie und Zehen,
Kopf und Schultern, Knie und Zehen, Knie und Zehen,
und Augen, Ohren, Nase, Mund,
Kopf und Schultern, Knie und Zehen, Knie und Zehen.

Französisch: Sur le pont d'Avignon (ab 4 Jahren)

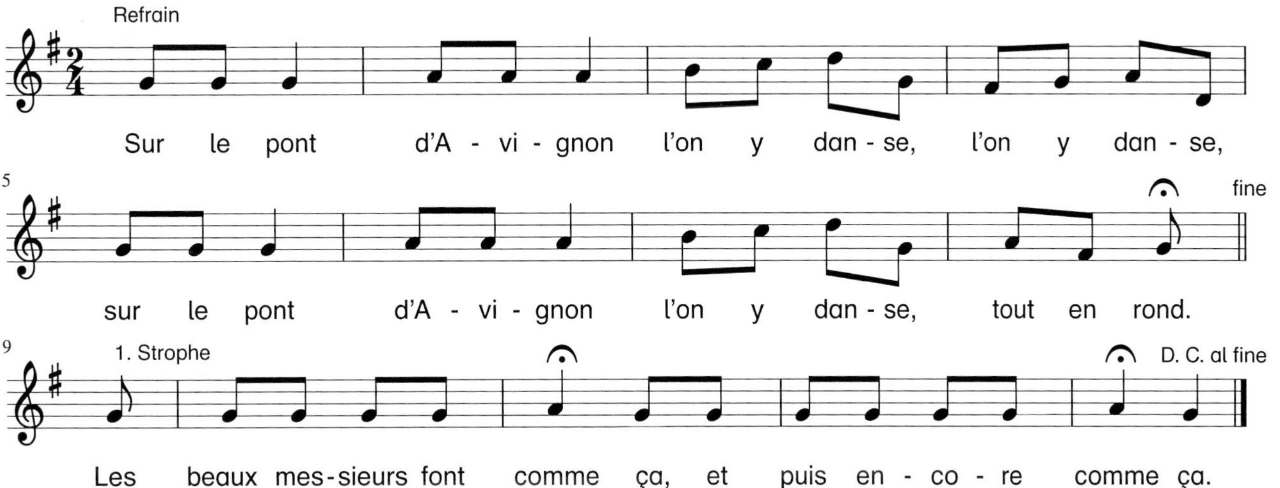

Französisches Volkslied

2. Les belles dames font comme ça, et puis encore comme ça …
3. Les officiers font comme ça, et puis encore comme ça …
4. Les petits bébés font comme ça, et puis encore comme ça …
5. Les bons amis font comme ça, et puis encore comme ça …
6. Les musiciens font comme ça, et puis encore comme ça …
7. Et les gamins font comme ça, et puis encore comme ça …

Geburtstag international: Die Geburtstags-Wunschwand (ab 3 Jahren)

Material:
Kopiervorlage „Liederheft“ (s. S. 19/20), Buntstifte, 1 Locher, 1 Heftstreifen, ggf. 1 großes weißes Plakat im DIN-A1-Format (alternativ können 4 DIN-A3-Bogen Tonkarton aneinandergeklebt werden), 1 Weltkarte

Vorbereitung:
Gemeinsam mit den Kindern probiert die Erzieherin aus, wie sich „Happy Birthday“ zum Beispiel auf Arabisch, Französisch, Spanisch etc. anhört, indem sie es gemeinsam singen. Die Lieder und ihre Aussprache können vorab auf *www.youtube.de* angehört werden. Auch die Farben der Flaggen können auf *www.google.de* nachgeschaut werden.

Arbeitsanleitung:

1. Die Erzieherin bastelt mit den Texten des Lieds „Happy Birthday“ in verschiedenen Sprachen ein Liederheft. Dazu kopiert sie die Vorlage „Liederheft“ und schneidet die Seiten aus. Gemeinsam mit den Kindern werden die Flaggen ausgemalt.
2. Nun werden die einzelnen Seiten gelocht auf einen Heftstreifen geheftet. Dieses Heft sollte einige freie Seiten am Ende haben, denn bestimmt kommen im Laufe der Zeit Kinder aus Ländern in die Gruppe, deren Sprache noch nicht berücksichtigt wurde. Ist schon eine andere Sprache als die hier aufgeführten in der Kindergruppe vertreten, sollte sie möglichst sofort mit einbezogen werden.
3. Die Erzieherin kopiert die Vorlage „Liederheft“ erneut vergrößert. Dieses Mal werden nur die Flaggen verwendet: Sie malt diese mit den Kindern an und schneidet sie aus.
4. Nun können die einzelnen Länder Tag für Tag erarbeitet werden: Die Erzieherin nimmt eine Flagge und zeigt auf der Weltkarte, wo sich das dazugehörige Land befindet. Dann klebt sie die Flagge auf das große weiße Plakat – das ist die „Wunschwand“. Daneben schreibt sie den Namen des Landes und seine Sprache(n). Das Liederheft kann mit einer langen Schnur an einer Seite der Wunschwand befestigt werden. Das Plakat sollte an einer gut sichtbaren Stelle im Gruppenraum aufgehängt werden.

Wenn die Kinder Geburtstag haben, können sie eine Sprache auswählen, in der für sie das Lied „Happy Birthday“ gesungen wird. So werden die Geburtstage internationaler und die Kinder bekommen ein Gefühl dafür, dass einiges anders ist in anderen Ländern, aber eben nicht alles – denn die Melodie ist ja weltweit bekannt und den Kindern durchaus vertraut.
So erfahren die Kinder im Laufe des Geburtstagsjahres, wie sich ihr Geburtstagslied in verschiedenen Sprachen anhört. Kinder, die aus der jeweiligen Nation stammen, erkennen ihre Sprache und ihr Lied vielleicht wieder und können eventuell – sofern sie die Sprache auch sprechen können – bei der richtigen Aussprache unterstützen. Die Erzieherin kann auch die Eltern, die eine oder mehrere andere Sprachen als die deutsche sprechen, bitten, gemeinsam mit den Kindern „Happy Birthday“ in einer anderen Sprache zu üben.

Kopiervorlage „Liederheft“ (1)

	Deutsch: Zum Geburtstag viel Glück! Zum Geburtstag viel Glück! Zum Geburtstag, liebe / r (Name), zum Geburtstag viel Glück!	
	Englisch: Happy birthday to you, happy birthday to you, happy birthday, dear (Name), happy birthday to you!	
	Spanisch: Cumpleaños feliz, cumpleaños feliz, te deseamos querido (bei einem Jungen) / querida (bei einem Mädchen) (Name), cumpleaños feliz.	
	Italienisch: Tanti auguri a te, tanti auguri a te, tanti auguri caro (bei einem Jungen) / cara (bei einem Mädchen) (Name), tanti auguri a te.	
	Schwedisch: Har den äran idag på din födelsedag. Har den äran, har den äran på din födelsedag.	

Kopiervorlage „Liederheft“ (2)

	Russisch (Lautschrift): S dnem rozhdeniya tebia, S dnem rozhdeniya tebia, S dnem rozhdeniya mily (bei einem Jungen / milaja (bei einem Mädchen) (Name), S dnem rozhdeniya tebia!	
	Arabisch: Sana helwa ya Gameel, Sana helwa ya Gameel, Sana helwa ya (Name), Sana helwa ya Gameel.	
	Französisch: Joyeux anniversaire, Joyeux anniversaire, Joyeux anniversaire, cher (bei einem Jungen) / chère (bei einem Mädchen) (Name), Joyeux anniversaire.	
	Tschechisch: Hodně štěstí, zdraví, hodně štěstí, zdraví, hodně štěstí, milý (bei einem Jungen) / milá (bei einem Mädchen) (Name) hodně štěstí, zdraví.	
	Türkisch: İyi ki doğdun (Name) İyi ki doğdun (Name) İyi ki doğdun, İyi ki doğdun İyi doğdun (Name).	

Lied: Kleine weiße Friedenstaube (ab 2 Jahren)

Du sollst fliegen, Friedenstaube, allen sag es hier,
dass nie wieder Krieg wir wollen, Frieden wollen wir.

Fliege übers große Wasser, über Berg und Tal,
bringe allen Menschen Frieden, grüß sie tausendmal.

Und wir wünschen für die Reise Freude und viel Glück,
kleine weiße Friedenstaube, komm recht bald zurück!

Lied: Hevenu Shalom Aleichem (ab 2 Jahren)

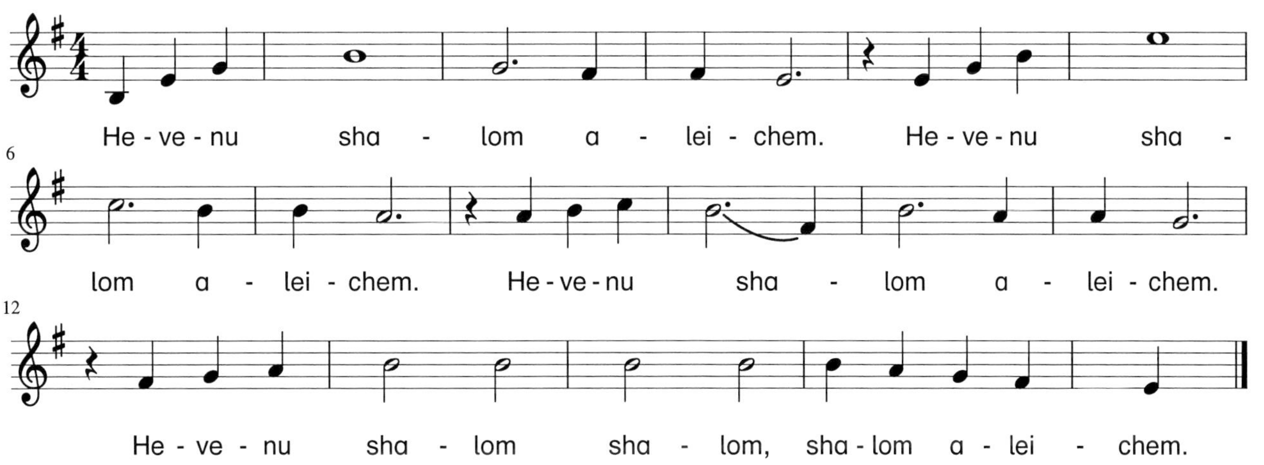

Israelisches Volkslied

Deutsche Übersetzung:
Wir wünschen Frieden euch allen,
Wir wünschen Frieden euch allen,
Wir wünschen Frieden euch allen,
Wir wünschen Frieden, Frieden, Frieden aller Welt.

Wir basteln eine Friedenstaube (ab 3 Jahren)

Material:
Kopiervorlage „Friedenstaube" (s. u.), mehrere Bogen weißer Tonkarton, Scheren, 1 Locher, Kordel oder Bänder, je nach Bedarf: Kleber, Buntstifte, Wachsmalkreiden, Fingerfarben, Wasserfarben, Pinsel, Wasserbehälter, buntes Papier, Transparentpapier, Stoffreste, Federn, Bänder

Arbeitsanleitung:
1. Die Erzieherin kopiert die Vorlage „Friedenstaube" und überträgt sie für jedes Kind auf weißen Tonkarton. Die Kinder schneiden ihre Tauben (ggf. mit Hilfe der Erzieherin) aus.
2. Nun können die Kinder die Friedenstauben so bunt gestalten, wie sie selbst den Frieden auf der Welt sehen. Beispielsweise können sie Buntstifte, Wachsmalkreiden, Wasserfarben oder Fingerfarben verwenden, sie können Papierkügelchen formen und diese auf die Tauben kleben oder Transparentpapier in Stücke schneiden oder reißen, aufkleben und die Umrisse der Tauben anschließend noch einmal nachschneiden. Auch Stoffreste, Federn, Bänder oder andere Materialien können aufgeklebt werden.
3. Die fertigen Tauben können im Gruppenraum aufgehängt werden und eine Zeit lang über der Gruppe „schweben". Dazu wird mit einem Locher ein Loch in einen der Flügel gestanzt und ein Faden oder eine Kordel hindurchgezogen.

Tipp:
Das Gestalten einer eigenen Friedenstaube ist eine schöne Ergänzung in dem Lied „Kleine weiße Friedenstaube" (s. S. 21). Außerdem finden Sie zur Gesprächsanregung für eine Gesprächsrunde über „Frieden" wertvolle Hinweise auf S. 29 beim Angebot „Friedensgruß".

Kopiervorlage „Friedenstaube"

Unsere Welt ist bunt (ab 2 Jahren)

Material:
Kopiervorlage „Unsere Welt ist bunt“ (s. S. 24), 1 Schere, 1 Bleistift, Tapetenrolle, Fingerfarben und Malkittel für alle Kinder

Hinweis:
Dieses Angebot richtet sich an ca. vier bis fünf Kinder. Es eignet sich aber durchaus auch für mehr Kinder, wenn diese entsprechend in Kleingruppen eingeteilt werden – es können ja auch mehrere bunte Welten entstehen.

Vorbereitung:
Die Tapetenrolle wird von der Erzieherin so zugeschnitten, dass ein ovaler Kreis von etwa einem Meter Durchmesser entsteht. Dies entspricht in etwa der Breite einer Tür. Sollte die Tapetenrolle nicht breit genug sein, werden zwei Teile nebeneinandergeklebt. Die Fläche zum Bemalen sollte für die Kinder möglichst groß sein. Die Erzieherin überträgt dann aus der Kopiervorlage grob die Umrisse der Kontinente unserer Erde mit Bleistift auf die Tapetenrolle.

Arbeitsanleitung:
1. Nun erklärt die Erzieherin den Kindern: „Das ist unsere Erde. Hier wohnen ganz viele Menschen, die alle verschieden aussehen und unterschiedlich leben. Einige Menschen sind groß, andere sind klein, einige sind dick, andere dünn. Manche haben eine dunkle Hautfarbe, andere eine helle. Die Erde besteht aus Kontinenten und auf den Kontinenten liegen die Länder. In vielen Ländern ist es sehr heiß, in anderen eiskalt. In einigen Ländern gibt es Wälder, in anderen Wüsten und in allen Ländern leben unterschiedliche Tiere und Pflanzen. Weil so viele verschiedene Menschen in unserer Welt leben, ist sie so wunderbar bunt und vielseitig. Wir wollen deshalb heute die Welt bunt anmalen, um allen zu zeigen, wie schön es ist, dass es so viele verschiedene Menschen auf unserer Erde gibt.“
2. Die Erzieherin benennt die Erdteile und fragt, wer welchen Kontinent anmalen möchte. Sie kann die Kinder auch fragen, welche Kontinente und Länder sie kennen und ob sie wissen, wo diese liegen, wo wir wohnen und zu welchem Kontinent Deutschland zählt.
3. Nun malen die Kinder mit den Farben ihrer Wahl drauflos. Dabei darf auch in das Meer „gekleckst“ werden, wichtig ist die bunte Vielfalt. Die Kontinente sollten jedenfalls nach Möglichkeit nicht einfarbig werden. Wenn gewünscht, kann die Erzieherin noch die Namen der Kontinente einfügen.
4. Sind alle Erdteile angemalt, legen die Kinder ihr Kunstwerk vorsichtig an einen Ort, an dem es einige Stunden lang trocknen kann.
5. Ist die bunte Welt getrocknet, kann sie zum Beispiel an die Tür des Gruppenraums gehängt werden. Die Kinder können allen Interessierten davon erzählen, warum sie ihre Welt so bunt angemalt haben.

Gesprächsanregungen:
- Welche Länder kennt ihr?
- Wart ihr schon einmal in einem anderen Land?
- Wart ihr vielleicht sogar schon auf einem anderen Kontinent?
- Was hat euch dort besonders gut gefallen?
- Was war dort anders als bei uns?

Kopiervorlage „Unsere Welt ist bunt“

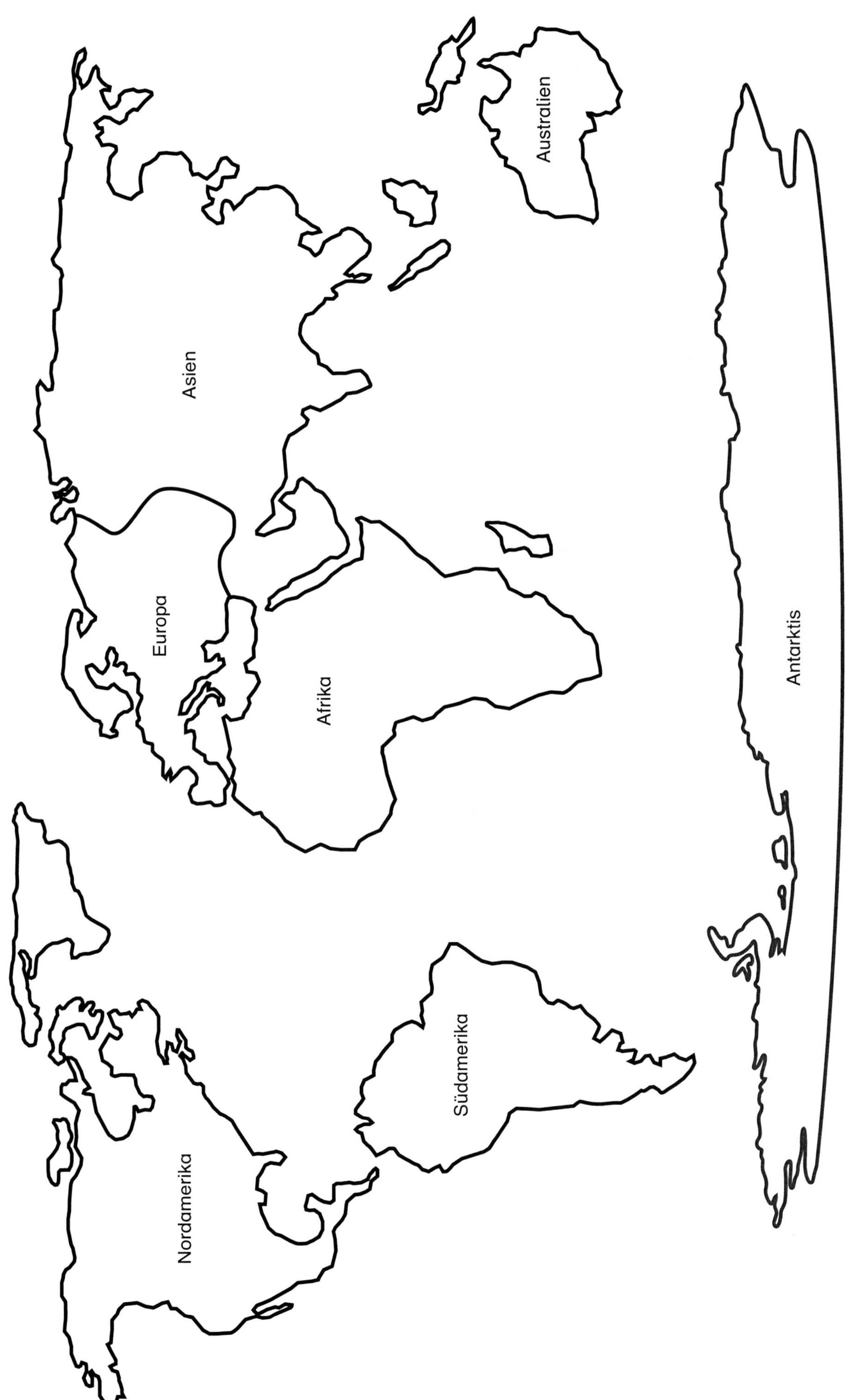

Wir basteln einen chinesischen Glücksdrachen (ab 4 Jahren)

Material:
Kopiervorlage „Glücksdrache" (s. S. 26), mehrere Bogen Tonkarton in verschiedenen Farben, Bleistifte, Scheren, Kleber, Buntstifte, 1 farbiges DIN-A4-Blatt und 1 Toilettenpapierrolle pro Kind, Regenbogenpapier, ggf. mehrere Wäscheklammern, ggf. 1 Tacker

Arbeitsanleitung:
1. Die Erzieherin kopiert die Vorlage „Glücksdrache" mehrmals, schneidet sie aus und hilft den Kindern dabei, die Schablonen auf ihren Tonkarton in der Farbe ihrer Wahl zu übertragen. Auch Augen, Nase und die Linien des Schwanzes werden mit einem schwarzen Stift auf den Tonkarton übertragen. Nun können die Körperteile des Glücksdrachen verziert werden, zum Beispiel durch Schuppen und Krallen.
2. Die Kinder schneiden den Glücksdrachen aus.
3. Das bunte Papier oder das Regenbogenpapier wird auf die Breite der Toilettenpapierrolle zurechtgeschnitten und auf diese aufgeklebt.
4. Dann nehmen sie das Schwanzstück, schneiden es an den Linien unten ein und träufeln Kleber auf die Oberseite des Schwanzteils. Nun kleben sie den Schwanz in das eine Ende der Rolle hinein. Die Beine werden seitlich an der Toilettenpapierrolle angeklebt.
5. Nun kommt der Kopf: Zwei Kopfteile gibt es – zwischen sie wird das Feuer geklebt. Dann werden die Kopfteile bis auf ein ca. 2 cm breites Stück des Halsteils zusammengeklebt. Die Unterseite lässt sich nun aufklappen, damit sie später auf die Toilettenpapierrolle geklebt werden kann. Noch soll sie aber nicht festgeklebt werden.
6. Jetzt kommen die Flügel: Die Kinder dürfen wählen, ob sie lieber große oder kleine Flügel haben möchten. Wer große Flügel haben möchte, verwendet ein ganzes buntes DIN-A4-Blatt und faltet es zu einem Fächer. Wer kleine Flügel habe möchte, schneidet ein DIN-A4-Blatt einmal längs mittig durch und faltet es zu einem kleineren Fächer.
7. Dieser Fächer wird nun zwischen die Kopfteile und gleichzeitig mit dem Kopfteil auf die Toilettenpapierrolle geklebt. Die Kinder müssen diese Stelle einige Minuten lang fest zusammendrücken, damit der Kleber hält. Eventuell muss eine Wäscheklammer zu Hilfe genommen werden. Je nach Ausdauer der Kinder kann auch ein Tacker verwendet werden. Fertig ist der Glücksdrache!

Abschluss-Stuhlkreis:
Nun können alle Kinder mit ihren Glücksdrachen in einen Stuhlkreis kommen, um mehr über die Glücksdrachen in China zu erfahren. Die Erzieherin erzählt ihnen, dass der Drache für die Chinesen Schutz, Glück und Frieden verkörpert. Besonders am Neujahrsfest wünscht man sich das alles – denn der Drache spielt in China eine ganz besondere Rolle. Wo habt ihr schon einmal Glück gehabt (etwas gewonnen, gefunden, überraschend geschafft ...)? Wofür seid ihr dankbar (jemand ist gesund geworden, der krank war, Freunde und Freundinnen ...)?

Kopiervorlage „Glücksdrache“

Feuer

Hinterbein

Schwanz

Vorderbein

Hand in Hand: Wir basteln eine bunte Menschenkette (ab 3 Jahren)

Material:
Kopiervorlage „Menschenkette" (s. u.), Papier in DIN A4 (für jedes Kind mind. 1 Bogen), 1 Bleistift, Klebeband, Scheren und Buntstifte für alle Kinder, Stoff- und Wollreste sowie weitere Materialien zum Verzieren (Pailletten, Glitzer usw.)

Vorbereitung:
Die Erzieherin kopiert die Vorlage „Menschenkette" (s. u.) und schneidet sie aus.

Arbeitsanleitung:
1. Die Kinder setzen sich an den Basteltisch. Die Erzieherin zeichnet mit einem Bleistift bei einer Breite von 7 cm eine Linie als Orientierungshilfe für die Kinder ein. Jedes Kind erhält einen Bogen Papier.
2. Nun falten die Kinder eine Ziehharmonika aus dem Papier, indem sie es von der schmalen Seite her immer im Wechsel vor- und zurückfalten (jeweils Kante auf Kante, in einer Breite von etwa sieben Zentimetern). Dreimal etwa können die Kinder umfalten, dann halten sie ein etwa sieben Zentimeter breites, gefaltetes Papier vor sich.
3. Nun malen sie mit Hilfe der Schablone (die Kleineren mit Hilfe der Erzieherin, die das Vorgehen auch Schritt für Schritt vormachen kann) einen Menschen auf die Oberseite. Wichtig dabei ist, dass Arme und Füße beziehungsweise der Rock in den Rand des Papieres übergehen, denn dort hängen nachher die einzelnen Figuren zusammen.
4. Zum Schluss wird die Figur ausgeschnitten. Beim Auseinanderfalten entsteht eine Menschenkette, die Hand in Hand und Fuß an Fuß beziehungsweise Rock an Rock aneinanderhängt.
5. Die Kinder malen die Menschenkette nun bunt an. Sie können ihre Menschenkette auch mit anderen Materialien verzieren. Es können zum Beispiel Kleidung aus Stoffresten und Haare aus Wollresten aufgeklebt werden. Der Fantasie sind keine Grenzen gesetzt.
6. Ist die Gruppe mit dem Anmalen fertig, werden alle Teilstücke mit Klebeband aneinandergeklebt und im Gruppenraum aufgehängt. Fertig ist die bunte Menschenkette!

Kopiervorlage „Menschenkette"

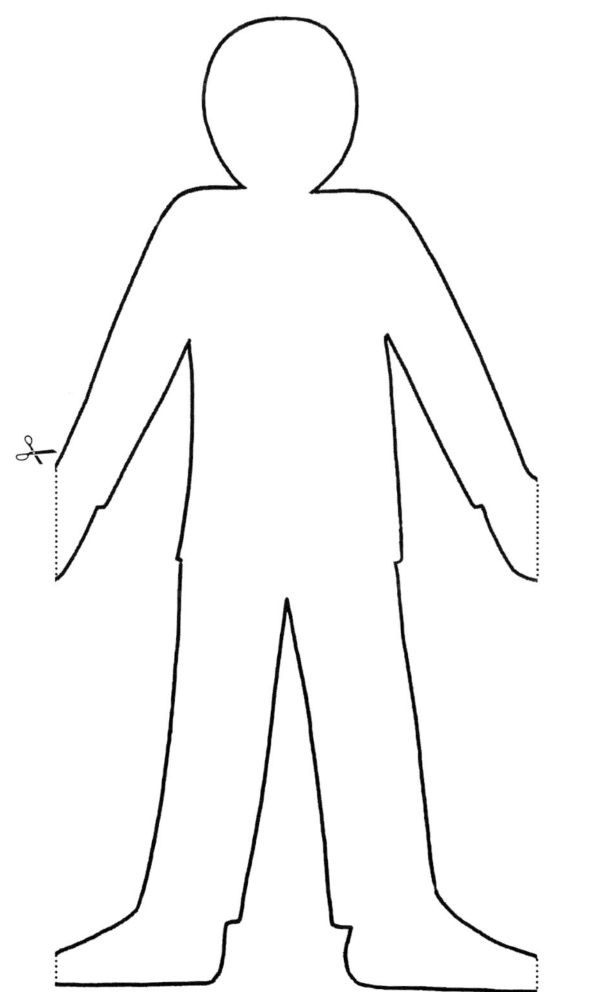

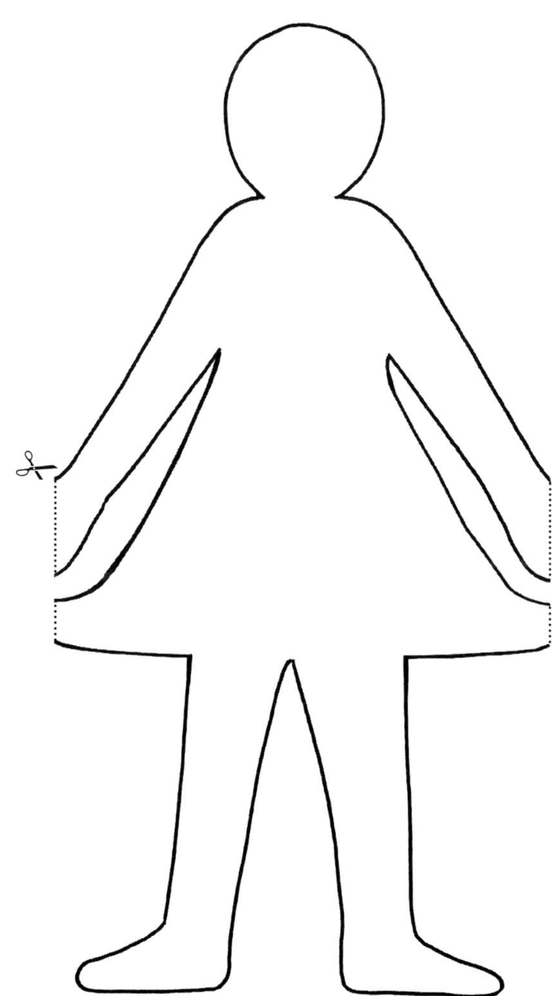

Wir alle! Was haben alle Menschen gemeinsam? (ab 3 Jahren)

Material:
Fingerfarben, Tapetenrolle, Wachsmalkreide, falls vorhanden: das Buch „Menschen“ von Peter Spier (s. Literaturtipp S. 6)

Arbeitsanleitung:
1. Die Erzieherin erzählt den Kindern, dass sie nun gemeinsam Menschen gestalten und dass sie ihre Umrisse auf eine Tapetenrolle zeichnen lassen können. Sie legt mehrere Stücke Tapetenrolle bereit.
2. Sie fragt in der Gruppe, wer gerne Hand-, Fuß- oder Fingerabdrücke machen, wer den Körper umranden lassen und wer ein Gesicht malen möchte. Einige Kinder aus der Gruppe lassen ihre Körper von der Erzieherin mit Wachsmalstiften umranden. Andere Kinder machen mit Fingerfarben Abdrücke von ihren Händen dazu. Weitere Kinder gestalten Abdrücke von ihren Füßen und Fingern. Die übrigen Kinder malen ein Gesicht mit Wachsmalkreide auf. So werden gemeinsam mehrere Menschen gestaltet, die sich aus den Abdrücken der verschiedenen Kinder zusammensetzen.
3. Wenn die „Menschen“ fertig sind, bilden die Kinder einen Stuhlkreis. Die fertigen Werke werden in die Mitte gelegt.

Gesprächsanregungen:
- Nun betrachten alle gemeinsam die Werke. Was fällt auf? Wissen wir, wer wer ist oder wessen Füße das sind? Wessen Körper, wessen Hand- und Fingerabdruck ist das? Warum können wir das nicht genau sagen?
- Alle Menschen auf der ganzen Welt haben bestimmte Dinge gemeinsam: Hände, Füße, Finger, Körper mit Armen und Beinen, Gesichter mit Augen, Nasen und Mündern. Dennoch sehen alle verschieden aus. Das ist gut so, denn so ist jeder einzigartig! (Wenn vorhanden, kann dazu das Buch „Menschen“ von Peter Spier angeschaut werden.)
- Was haben alle Kinder auf der ganzen Welt noch gemeinsam? (Eltern, Großeltern, alle brauchen Essen und Trinken, Liebe, spielen gerne usw.)

Tipp:
Schön sieht es auch aus, wenn die Kinder ein buntes Bild aus Hand- oder Fingerabdrücken auf die Tapetenrolle stempeln und es im Anschluss im Gruppenraum oder im Flur aushängen.

BVK • Mareike Brombacher: Kita aktiv „Projektmappe Interkulturelle Bildung – unsere Welt ist bunt“

Die Lichter des Friedens (ab 3 Jahren)

Material:
leere Marmeladengläser, Transparentpapier, Schere, Kleister, Pinsel und Teelichter für alle Kinder in der Gruppe, Sand zum Befüllen der Marmeladengläser

Vorbereitung:
Die Kinder nehmen sich Transparentpapier in den gewünschten Farben und reißen oder schneiden kleine Schnipsel aus.

Arbeitsanleitung:
Die Kinder setzen sich um den Basteltisch herum. Jedes Kind bekommt ein Marmeladenglas und bestreicht das Glas mit einem Pinsel mit Kleister. Dann beklebt es das Glas mit einfarbigen oder bunten Transparentpapier-Schnipseln. Das Glas muss einige Stunden, am besten bis zum nächsten Tag, trocknen. Dann kann das Marmeladenglas mit Sand befüllt und ein Teelicht hineingestellt werden.

Hinweis:
Es bietet sich an, die Lichter des Friedens mit Teelichtern auszustatten und diese anzumachen, wenn das Thema „Frieden" besprochen oder ein Lied dazu gesungen wird. Dies schafft eine besondere Atmosphäre, die die Kinder sehr zu schätzen wissen. Die Lichter des Friedens können später an die Eltern der Kinder verschenkt werden. Es gibt auch die Möglichkeit, einen kleinen Basar zu veranstalten, auf dem die Lichter des Friedens verkauft werden. Der Erlös kann gespendet werden.

Friedensgruß in unterschiedlichen Religionen (ab 3 Jahren)

Information:
„Salam alaikum" ist der traditionelle muslimische Friedensgruß. Er bedeutet „Friede sei mit euch!". So ist dieser Gruß vom Propheten Mohammed, an den die Muslime glauben, überliefert. Muslime auf der ganzen Welt begrüßen sich so. Mohammed hat auf die Frage eines Gefährten, der wissen wollte, was im Islam am besten sei, geantwortet: „Dass du den Armen speist und den Friedensgruß entbietest dem, den du kennst und dem, den du nicht kennst." Friede soll also im Islam auch denen gewünscht werden, die man nicht kennt.
Im Judentum hat das Wort „Schalom" eine ähnliche Bedeutung: „Friede". Dieses Wort verwenden Juden weltweit zur Begrüßung und zur Verabschiedung.
Auch im Christentum gibt es im Gottesdienst den Friedensgruß. Er lautet: „Friede sei mit dir."
Man gibt sich dabei die Hand oder umarmt sich. Im Neuen Testament ist häufig vom Frieden die Rede: „Selig sind die Friedfertigen, denn sie werden Gottes Kinder heißen." (Matthäus 5,9)

Gesprächsanregungen:
Die Erzieherin spricht mit den Kindern über das Thema „Frieden": Überall gibt es Friedensgrüße. Aber was ist Frieden eigentlich? Wie sollten wir uns verhalten, damit wir friedlich miteinander leben können?

- kein Krieg
- kein Streit mit Gewalt
- freundlicher Umgang miteinander
- Respekt anderen Menschen gegenüber, egal, ob man sie mag oder nicht
- ruhig bleiben, wenn man sich ärgert
- miteinander reden anstatt sich zu hauen
- miteinander teilen und sich gegenseitig nichts wegnehmen

Vorlesegeschichte: Flucht aus Syrien (1) (ab 5 Jahren)

Material:
Vorlesegeschichte „Flucht aus Syrien“ (s. S. 31), ggf. 1 Globus oder 1 Weltkarte

Hinweis:
Bei dem Thema „Flucht“ ist besondere Sensibilität geboten. Klären Sie ab, ob sich in der Gruppe ein Kind mit einem Kriegs- oder Fluchttrauma befindet. Ist dies der Fall, sollte zuvor mit den Eltern abgesprochen werden, ob die Geschichte vorgelesen wird oder nicht. Auch bei Kindern, die keine Flucht oder keinen Krieg erlebt haben, kann die Behandlung dieses Themas Ängste auslösen. Bieten Sie deshalb auf jeden Fall Gesprächsanlässe an – im Zusammenhang mit der Geschichte, aber auch, wenn die Kinder generell an den Themen Flucht und Krieg interessiert sind.

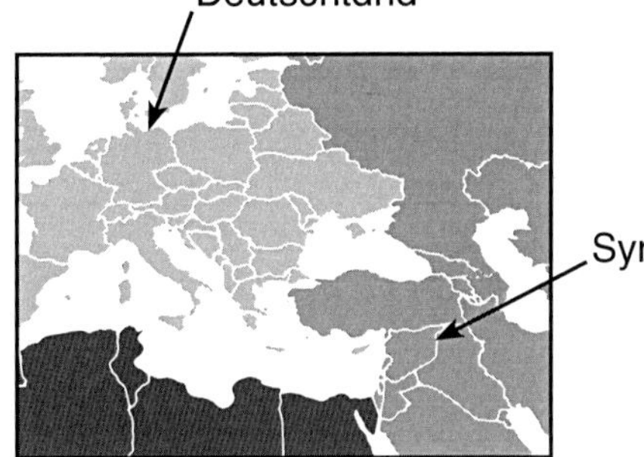

Vorbereitung:
Die Erzieherin kann den Kindern auf einem Globus oder einer Weltkarte zeigen, wo Syrien und Deutschland liegen. Auch den Reiseweg kann die Erzieherin den Kindern zeigen. So wird ihnen deutlich, wie lang die Reise ist, die viele Geflüchtete auf sich nehmen.

Anschließende Gesprächsanregungen:
- Was ist Krieg, wer weiß das? Wenn Menschen sich streiten und keine Lösung finden, indem sie miteinander sprechen, fangen sie an, gegeneinander zu kämpfen. Am Ende gewinnt derjenige, der die besseren Waffen und die meisten Soldaten hat. Möchtet ihr auch manchmal lieber jemanden hauen, anstatt mit ihm über das zu reden, was euch stört? Warum ist das aber nicht gut?
- Wie können wir es hier im Kindergarten schaffen, Frieden zu halten?
- Was haben die Kinder in der Geschichte alles auf ihrer Flucht verloren?
- Wie fühlt ihr euch, wenn ihr irgendwo ankommt, wo ihr noch nie wart? Was kann man tun, um diesen neuen Ort kennenzulernen?
- Könnt ihr Leylas Sorge verstehen?
- Was macht ihr, wenn ihr Angst habt? Mit wem redet ihr darüber?
- Hat von euch schon jemand einen Krieg erlebt? Eure Omas und Opas (oder vielleicht habt ihr auch noch eine Uroma / einen Uropa) haben vielleicht noch den Zweiten Weltkrieg miterlebt. Damals sind auch viele Menschen nach Deutschland geflohen.

Vorlesegeschichte: Flucht aus Syrien (2) (ab 5 Jahren)

Flucht aus Syrien

In Syrien, einem weit entfernten Land, lebt Familie al Sayed. Das sind die Kinder Junis und Leyla und ihre Eltern Mohannad und Rana. In Syrien ist Krieg. Das merken Junis und Leyla daran, dass sie nicht mehr in den Kindergarten gehen dürfen. Und daran, dass Bomben vom Himmel fallen. Wenn Bomben vom Himmel fallen, läuft die ganze Familie schnell in den Keller. Mama und Papa sind dann immer ganz still und traurig. Als Junis und Leyla eines Morgens aufwachen und nach draußen schauen, ist das Haus gegenüber plötzlich nicht mehr da. Dabei stand es gestern noch dort! Junis und Leyla bekommen Angst: Was passiert, wenn auch ihr Haus plötzlich nicht mehr da ist? Wo sollen sie dann schlafen und spielen?

Auch Mama und Papa machen sich große Sorgen. „Wir sind hier nicht mehr sicher", sagt Papa eines Abends zu den Kindern. „Mama und ich haben Angst, dass auch unser Haus bald von Bomben getroffen wird. Mein Cousin Kadir ist schon nach Deutschland geflohen. Da soll es sicher sein."
„Dort möchten wir auch hin", erklärt Mama. „Wir reisen schon morgen ab. Bitte packt euren Rucksack. Aber nur das Wichtigste! Wir können nicht viel mitnehmen."

Am nächsten Tag geht es los. Junis hat sein Spielzeugauto mitgenommen und Leyla ihre Puppe. Mama und Papa geben einem Mann viel Geld, der verspricht, sie in einem Boot über das Meer nach Europa zu fahren. Familie al Sayed steigt in das Boot. Da sitzen schon viele andere Menschen drin, die auch vor dem Krieg fliehen. Es steigen immer mehr Menschen in das Boot. „Ist das eng!", denken Leyla und Junis. Ihnen ist mulmig – sie sind noch nie in ein Boot gestiegen, und jetzt sollen sie direkt über das große, tiefe Meer fahren! Als das Boot losfährt, schwankt es so stark, dass es beinahe umkippt. Junis und Leyla drücken sich eng an Mama und Papa.

Familie al Sayed ist lange auf dem Boot. Junis und Leyla können die Tage gar nicht mehr zählen. Aber plötzlich passiert etwas: Die Menschen werden unruhig, und jemand ruft: „Land! Da ist Land in Sicht!" Vor Freude laufen alle Menschen auf die Seite des Bootes, von der aus man die Häuser sehen kann. Das Boot sinkt auf dieser Seite immer weiter nach unten ins Wasser, bis es schließlich umkippt! Mama, Papa, Junis, Leyla und die anderen Menschen auf dem Boot fallen ins Meer. Das Wasser ist so kalt! Zum Glück können Junis und Leyla schwimmen. Da kommt ein Rettungsboot! Das muss sie schon vom nahen Ufer aus entdeckt haben. Endlich werden sie auf das Rettungsboot gezogen. Junis und Leyla müssen niesen. Auch ein bisschen salziges Meerwasser haben sie geschluckt. Schmeckt das eklig! Doch dann werden sie in warme Decken gehüllt und es gibt heißen Tee zu trinken. Das tut gut! Das Land, in dem sie gerettet worden sind, heißt Italien und gehört zu Europa. Papas Cousin wohnt in Deutschland, und da möchte Familie al Sayed auch hin. Aber erst einmal müssen sie sich ausruhen. Junis und Leyla sind so müde!

Am nächsten Tag geht es weiter. Familie al Sayed geht zum Bahnhof. Sie haben noch ein bisschen Geld – davon kaufen sie Fahrkarten. Sie müssen mehrmals umsteigen und auch eine Nacht im Zug schlafen. Aber am nächsten Morgen sagt Mama: „Das ist Deutschland!" Junis und Leyla schauen aus dem Fenster. Es sieht ruhig und friedlich aus. Die Häuser sind alle ganz. Keine Soldaten mit Gewehren laufen hier herum, keine Bomben fallen vom Himmel. Das gefällt Junis und Leyla! Nun geht alles ganz schnell: Mama und Papa müssen sich in der Stadt anmelden und sie bekommen eine Unterkunft gezeigt. Hier können sie erst einmal bleiben. Dort wohnen noch viele andere Menschen, die auch vor dem Krieg geflohen sind. Als sie ihre Rucksäcke ausgepackt haben, sagt Mama: „Jetzt, wo wir in Sicherheit sind, könnt ihr bald wieder in den Kindergarten gehen. Freut ihr euch schon?" Junis und Leyla jubeln. Doch dann sagt Leyla nachdenklich: „Ob da wohl nette Kinder im Kindergarten sind?"

Eine weitgereiste Pflanze – Wir züchten einen Avocadobaum (ab 3 Jahren)

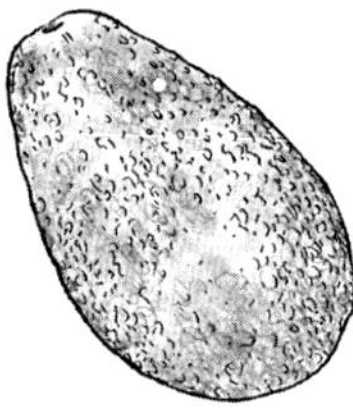

Material:
mehrere Avocadofrüchte (entweder eine Avocado für jeden oder eine Avocado für drei bis vier Kinder), pro Avocado 1 leeres Marmeladenglas, mehrere Zahnstocher, Wasser, Blumentöpfe, Blumenerde

Tipp:
Zur Untermalung der Erzählung eignet sich eine Weltkarte, um zu zeigen, wo die Avocado inzwischen überall wächst.

Vorbereitung:
1. Gemeinsam mit einer kleineren Kindergruppe gehen die Erzieherinnen einkaufen und besorgen Avocados.
2. Die Erzieherin schneidet die Avocados längs in der Mitte auf, nimmt den Kern heraus, wäscht ihn kurz ab und trocknet ihn mit einem Papiertuch.
3. Das Fruchtfleisch löffeln die Kinder entweder selber aus, zum Beispiel können sie vorher ein wenig Salz darüber streuen, oder die Gruppe macht Guacamole aus dem Fruchtfleisch der Avocados. Ein Rezept lässt sich zum Beispiel auf *www.chefkoch.de* finden.
4. Die Erzieherin erzählt den Kindern etwas über die spannende Frucht Avocado: Früher gab es sie in Europa nicht und auch heute wachsen Avocadobäume in Europa nur am Mittelmeer. Avocados werden auch „Alligatorbirne“ (weil sie eine Haut wie ein Krokodil und eine Form wie eine Birne haben) oder „Butterfrucht“ (wegen ihres hohen Fettanteils) genannt. Sie kommen ursprünglich aus Mexiko in Südamerika. Seit etwa 100 Jahren gibt es sie auch am Mittelmeer in Europa. Heute gibt es die Avocado fast auf der ganzen Welt – die Bäume werden zum Beispiel in Neuseeland, Israel, Kalifornien, Australien, Peru, Südafrika und Südspanien angebaut. Bei uns in Deutschland kann man sie im Supermarkt kaufen.

Arbeitsanleitung:
1. Jedes Kind oder jede Kleingruppe erhält vier Zahnstocher, einen Avocadokern und ein Marmeladenglas.
2. Nun werden etwa auf Höhe der oberen Hälfte des Kerns (oben ist da, wo der Kern spitz zuläuft) die Zahnstocher in den Avocadokern gesteckt. Die Zahnstocher dürfen nicht zu tief hineingesteckt werden, um das Innere des Kerns nicht zu verletzen.
3. Die Kinder füllen ihr Glas mit Wasser. Dabei sollte es nicht randvoll werden, sondern der Wasserspiegel sollte etwa anderthalb Zentimeter unterhalb des Glasrandes liegen.
4. Jetzt setzen die Kinder ihren Avocadokern auf den Glasrand, sodass die Zahnstocher auf dem Glasrand aufliegen. Dabei hängt die runde Kernseite nach unten ins Wasser, während die spitze Seite über Wasser bleibt.
5. Die Kinder stellen ihre Gläser nebeneinander auf einem Fensterbrett ab. Der Standort sollte hell, aber nicht zu sonnig sein. In den folgenden Tagen und Wochen muss das Wasser immer wieder aufgefüllt werden. Zunächst wird sich nichts tun.
6. Nach etwa vier Wochen kommt schließlich die Wurzel aus der Avocado und beginnt zu wachsen. Der Kern wird von der Wurzel gespalten – nach oben hin beginnt ein Trieb zu wachsen. Dies ist für die Kinder sehr spannend zu sehen, denn nun verändert sich die Pflanze ständig und wächst.
7. Ist die Wurzel etwa drei Zentimeter lang, wird die Pflanze in einen Blumentopf umgesetzt und angegossen. Ältere Pflanzen sollten an einem sonnigen Ort stehen. Der Boden sollte feucht gehalten werden, wobei die Pflanze nicht im Wasserbad stehen darf.
Die Pflanzen können entweder in der Gruppe bleiben oder den Kindern mit nach Hause gegeben werden.

Buffet International –
Kochen und Backen in anderen Ländern (ab 2 Jahren)

Vorbereitung:
Zur Vorbereitung spricht die Erzieherin mit den Kindern über Essgewohnheiten in Familien. Die Kinder erfahren so, dass nicht in allen Familien das gleiche Essen auf den Tisch kommt. So leben manche Familien zum Beispiel vegetarisch, manche vertragen keine Milchprodukte und alle Familien haben unterschiedliche Lieblingsgerichte. Auch gibt es in verschiedenen Ländern unterschiedliche Essgewohnheiten. Dort wächst anderes Getreide, Obst und Gemüse. In einigen Gegenden oder Religionen essen die Menschen kein Schweinefleisch (zum Beispiel im Islam und im Judentum), in anderen kein Rindfleisch (zum Beispiel im Hinduismus), wieder andere bereiten Gerichte nach bestimmten Regeln zu und essen sie nicht, wenn sie anders zubereitet wurden (zum Beispiel im Judentum).

Die Kinder kennen bestimmt Spaghetti aus Italien. Sie kennen Frikadellen, Schnitzel mit Pommes und noch viele andere Dinge. Aber kennen sie auch schon das köstliche Baklava aus der Türkei? Oder leckeren Batata Scharkije aus Syrien? Mit diesen Rezepten sollen den Kindern die spannenden Besonderheiten unterschiedlicher Essgewohnheiten nahegebracht werden.

Hinweise:
- Die Mengenangaben der Rezepte gelten immer für ca. 10 Personen. Bei größeren Kindergruppen rechnen Sie bitte entsprechend um.
- Die Kinder werden gebeten, ihre Eltern nach Rezepten zu fragen bzw. die Eltern um die Mitarbeit beim Herstellen der Speisen zu bitten. Vielleicht haben die Eltern auch noch zusätzliche Ideen, die sich gut umsetzen lassen.
- Wenn Sie Minze, Koriander, Petersilie etc. frisch einkaufen, dann setzen Sie doch die Pflanzen anschließend in die Erde und beobachten das Wachstum gemeinsam mit den Kindern. Vielleicht lassen sich die Gewürze auch bei späteren Kochaktionen weiterverwenden.

Ideen für ein gemeinsames Buffet:
Die Eltern können zum „Internationalen Buffet" eingeladen werden. Die Erzieherinnen schreiben Schilder mit den Namen und den Herkunftsländern der Gerichte und die Kinder malen sie an. Bei diesem bunten Nachmittag können auch der Halay-Tanz (s. S. 47) vorgeführt und die gebastelten Kunstwerke präsentiert werden. Selbstverständlich können die Erzieherinnen sich auch nur das eine oder andere Rezept heraussuchen, um mit den Kindern gemeinsam zu kochen.

Köstliches Baklava aus der Türkei (ab 3 Jahren)

Hinweis:
Bitte klären Sie vorab, ob sich unter den Kindern in der Gruppe möglicherweise ein Kind mit einer Nussallergie befindet. Verzichten Sie im Zweifel lieber auf die Zubereitung dieses Gerichts – oder verwenden Sie anstelle der 300 g Haselnüsse noch einmal 300 g Mandeln.

Zutaten:
300 g Tiefkühl-Blätterteig, 400 g gehackte Mandeln,
300 g gehackte Haselnüsse, Eiweiß von 2 Eiern, 2 TL Zimt,
4 EL Zucker, 400 g Honig, 100 g Butter, 4 Zitronen,
100 g gehackte Pistazien, 500 ml Wasser

Arbeitsmittel:
Backofen, 1 Backblech, Backpapier, 1 Schüssel, 1 Handrührgerät oder 1 Schneebesen, 1 Messer, 2 Backpinsel, 2 Töpfe, 1 Rührlöffel, 1 Zitronenpresse, 2 große Teller, 1 Nudelholz, 1 Löffel (zum Verteilen der Nussmischung)

Zubereitung:
1. Zunächst werden alle Zutaten zurechtgelegt und gemeinsam mit den Kindern benannt. Pistazien beispielsweise sind vielleicht dem einen oder anderen Kind nicht bekannt.
2. Die Blätterteigplatten können vorab aus dem Tiefkühlfach genommen und auf großen Tellern zum Auftauen ausgelegt werden.
3. Die Erzieherin schneidet das Backpapier zurecht und lässt es die Kinder auf das Blech legen.
4. Nun zeigt die Erzieherin den Kindern, wie man ein Ei trennt und gibt die Eiweiße in eine Schüssel. Die Kinder fügen Zucker und Zimt hinzu und helfen dabei, das Eiweiß steif zu schlagen.
5. Dann fügen sie die Haselnüsse und Mandeln hinzu.
6. Der Backofen wird auf 180 Grad vorgeheizt.
7. Gemeinsam mit den Kindern rollt die Erzieherin die Blätterteigplatten so aus, dass sie das Blech beinahe ausfüllen, und legt sie auf das Backblech. Der restliche Teig wird zunächst beiseitegelegt.
8. Die Kinder bestreichen den Teig mit der Nuss-Mandel-Mischung.
9. Dann wird der übrige Teig ebenfalls in der gleichen Größe mit dem Nudelholz ausgerollt und wie ein Deckel auf die Füllung gelegt. Dabei drücken die Kinder ihn leicht an.
10. Die Erzieherin schneidet nun mit einem Messer nur die obere Teigschicht in Streifen. Die Streifen sind etwa zehn Zentimeter lang und zwei Zentimeter breit.
11. Nun zerlässt die Erzieherin die Butter auf dem Herd. Wenn sie flüssig ist, nehmen die Kinder einen Pinsel und bestreichen die Teigstreifen mit der Butter.
12. Auf der mittleren Schiene wird die türkische Köstlichkeit nun bei Umluft 180 °C ca. 15 Minuten lang gebacken, bis sie goldbraun ist.
13. Während das Baklava im Ofen ist, gibt die Erzieherin den Honig mit dem Wasser in einen Topf und kocht ihn auf.
14. Dann pressen die Kinder die Zitronen aus und geben den Saft in den Topf mit dem Honigwasser. Alles muss so lange gekocht und gerührt werden, bis eine zähflüssige Masse entsteht: ein Sirup.
15. Wenn die Baklava-Schnitten fertig gebacken sind, werden sie noch auf dem Blech mit dem Honig-Zitronensirup übergossen bzw. großzügig eingepinselt.
16. Nun kommen die gehackten Pistazien auf die Schnitten.
17. Zum Schluss muss das Ganze zwei Stunden lang ruhen. Aber die Geduld lohnt sich, denn bestimmt wird den Kindern diese süße Köstlichkeit sehr gut schmecken!

Afıyet olsun!

Syrischer Kartoffelsalat: Batata Scharkije (ab 2 Jahren)

Zutaten:
2 kg festkochende Kartoffeln, Salz, 8 Tomaten, 2 Bund glatte Petersilie, 4 Lauchzwiebeln, 2 Zitronen, 8 Blätter frische Minze, 12 EL Olivenöl, 1 Prise Salz, 1 Prise Pfeffer

Arbeitsmittel:
1 Topf, 1 Brettchen, 1 Messer, Salatbesteck, 1 große Schüssel, 1 Zitronenpresse, 1 Schneebesen, 1 kleine Schüssel, 1 Sieb

Zubereitung:
1. Die Erzieherin schält die Kartoffeln und die Kinder waschen diese in einer Schüssel.
2. Dann füllt die Erzieherin Wasser in einen Kochtopf, fügt die Kartoffeln mit etwas Salz hinzu und lässt sie je nach Größe etwa 20 Minuten lang kochen. Sind die Kartoffeln fertig gekocht, füllt die Erzieherin sie in ein Sieb und braust sie kalt unter dem Wasserhahn ab. Die Kartoffeln müssen kurz abkühlen, damit die Kinder sich nicht die Finger verbrennen.
3. Die Kartoffeln werden anschließend halbiert oder geviertelt. Die Tomaten werden in kleine Würfel geschnitten und gemeinsam mit den Kartoffeln in eine Schüssel gegeben.
4. Die Erzieherin schneidet die Lauchzwiebeln in kleine Ringe und hackt die Petersilie und Minze fein. Nun können die Kinder alles in die große Schüssel füllen und durchrühren.
5. Ein Kind presst die Zitronen aus und gibt den Saft in eine kleine Schüssel. Salz, Pfeffer und Olivenöl werden hinzugefügt. Die Kinder vermischen alles mit dem Schneebesen zu einer Salatsoße. Dann schütten sie die Salatsoße über das Kartoffelgemisch und rühren einmal gut durch. Der Salat muss mindestens eine Stunde ziehen.

Wajubat shahyatan!

Tabouleh aus dem Libanon (Bulgursalat) (ab 2 Jahren)

Zutaten:
400 g Bulgur, 1 großer Bund Petersilie, 1 Bund Minze, 2 rote Zwiebeln (oder Schalotten), 3 Tomaten, 4 EL Olivenöl, 1 Zitrone, Pfeffer, Salz, Pita-Brot

Arbeitsmittel:
1 Topf, 1 Messer, 1 Schneidebrettchen, 2 Esslöffel, 1 Zitronenpresse, 1 Schüssel

Zubereitung:
1. Der Bulgur wird nach der Anleitung auf der Packung in Salzwasser gekocht. Die Kinder können beim Abwiegen der Bulgurmenge helfen.
2. Dann hackt und schneidet die Erzieherin die Petersilie, die Minzblätter, die Tomaten und die Zwiebeln klein. Dabei können die Kinder an den Zutaten riechen und sie auch schon probieren. Sie pressen anschließend die Zitrone aus.
3. Nachdem der Bulgur abgekühlt ist, wird er mit 8 EL Petersilie, 4 EL Minzblättern, den Zwiebel- und Tomatenstücken, dem Öl und 4 EL Zitronensaft vermischt. Zum Schluss schmeckt die Erzieherin ihn mit Pfeffer und Salz ab. Dann wird das Taboulé zusammen mit dem Pita-Brot gegessen.

Wajubat shahyatan!

Külce (gefüllte Kekse aus dem Irak) (ab 3 Jahren)

Hinweis:
Bitte klären Sie vorab, ob sich unter den Kindern in der Gruppe möglicherweise ein Kind mit einer Nussallergie befindet. Verzichten Sie im Zweifel lieber auf die Zubereitung dieses Gerichts.

Zutaten:
Für den Teig:
1 kg Mehl, 500 g weiche Butter, 2 Eier (Eiweiß und Eigelb getrennt), 2 TL Backpulver, 1 Prise Salz, 6 EL Wasser

Für die Füllung 1:
400 g gehackte Walnüsse, 200 g Zucker, 1 Prise Zimt

Für die Füllung 2:
400 g getrocknete und entkernte Datteln, 100 g gehackte Walnüsse, 40 g Butter

Arbeitsmittel:
Backofen, 1 Backblech, 1 große Schüssel, 1 Pfanne, 2 Schälchen, 1 Rührlöffel, kleine Löffel, 1 Messer, Gläser, 1 Backpinsel, Backpapier, 1 Nudelholz, 1 Esslöffel

Zubereitung:
1. Die Erzieherin bereitet ein Backblech vor, auf dem sie Backpapier auslegt. Sie trennt gemeinsam mit den Kindern die Eier.
2. Die Kinder vermischen in einer Schüssel Mehl, Salz und Backpulver miteinander und fügen die Butter, die Eiweiße und das Wasser hinzu.
3. Dann kneten sie den Teig ordentlich durch. Dabei können die Kinder sich auch abwechseln.
4. Nun muss der Teig 30 Minuten lang an einem möglichst warmen Ort ruhen.
5. **Füllung 1:**
   In dieser Zeit vermischen die Kinder in einem Schälchen schon einmal die Walnüsse mit Zucker und Zimt für die Nussfüllung.
6. **Füllung 2:**
   Die Erzieherin hackt die Datteln klein. Dann stellt sie die Pfanne auf den Herd und schaltet ihn ein. Die Kinder geben die Butter hinein. Zusammen mit den gehackten Walnüssen werden die Datteln in der Pfanne erwärmt, um die Füllung herzustellen.
7. Nun rollt die Erzieherin gemeinsam mit den Kindern die Hälfte des Teiges aus.
8. Die Kinder verteilen mit Löffeln die Dattelmischung aus der Pfanne darauf. Nun wird der Teig wie eine Biskuitrolle eingerollt.
9. Die Erzieherin schneidet diese in etwa 2 cm breite Scheiben und legt sie auf das Backblech.
10. Nun wird die andere Hälfte des Teiges ebenfalls dünn ausgerollt.
11. Die Kinder stechen mit den Gläsern Kreise aus.
12. Sie füllen ein wenig Nussmasse hinein und klappen den Kreis zu, sodass ein Halbkreis oder ein Halbmond entsteht. Dabei müssen sie gut darauf achten, die Ränder ordentlich anzudrücken. Die Halbkreise kommen ebenfalls auf das Backblech.
13. Zum Schluss werden alle Kekse mit Eigelb bestrichen und das Blech kommt in den Ofen.
14. Nach etwa 20 Minuten bei 180 °C auf mittlerer Schiene sind die irakischen Kekse fertig.

Noş be!

Afghanistan: Afghanischer Reis (ab 2 Jahren)

Zutaten:
500 g Basmatireis, 2 Zwiebeln, 1 TL Safranpulver, 2 l Gemüsebrühe, 1 TL Kurkuma, 2 TL Kardamompulver, 2 TL gemahlener Kreuzkümmel, 1 Prise Salz, 1 Prise Pfeffer, 1 EL Olivenöl, 1 kg Karotten, 200 g Mandelsplitter, 2 Bund Frühlingszwiebeln, 300 g Rosinen, 300 g getrocknete Aprikosen

Arbeitsmittel:
1 Messer, 1 Schneidebrettchen, 1 Topf, 1 Schüssel, flache Teller

Zubereitung:
1. Die Erzieherin bereitet die Gemüsebrühe vor und stellt sie bereit. Gemeinsam mit den Kindern putzt die Erzieherin die Karotten und schneidet sie in etwas dickere Scheiben. Die Frühlingszwiebeln schneidet die Erzieherin in Ringe und die Zwiebeln in Würfel.
2. Ein Kind gibt etwas Olivenöl in den Topf. Dann werden die Zwiebelwürfel hineingegeben und angedünstet. Der ungekochte Basmatireis und der Safran werden hinzugefügt. Nun werden Salz und Pfeffer hinzugefügt. (Für Kinder lieber nicht so scharf würzen!) Alles zusammen dünstet die Erzieherin kurz an, bevor sie dann die Gemüsebrühe hineingießt.
3. Gemeinsam mit den Kindern würfelt die Erzieherin die getrockneten Aprikosen. Jetzt vermischen die Kinder die Zutaten und geben Rosinen, Karottenscheiben und Frühlingszwiebelscheiben, Mandeln und Aprikosenstücke in den Topf. Auch Kurkuma, Kardomompulver und gemahlener Kreuzkümmel werden hinzugefügt, alles wird einmal aufgekocht. Dann lassen die Kinder unter Aufsicht der Erzieherin alles bei niedriger Temperatur ziehen, bis der Reis durchgegart ist.
4. Nach afghanischer Tradition wird der Reis als Hügel auf einem flachen Teller oder einer flachen Platte serviert.

Noschedjan!

Bilder-Kopiervorlage von Zutaten und Haushaltsgegenständen (1)

Köstliches Baklava aus der Türkei

Bilder-Kopiervorlage von Zutaten und Haushaltsgegenständen (2)

Syrischer Kartoffelsalat: Batata Scharkije

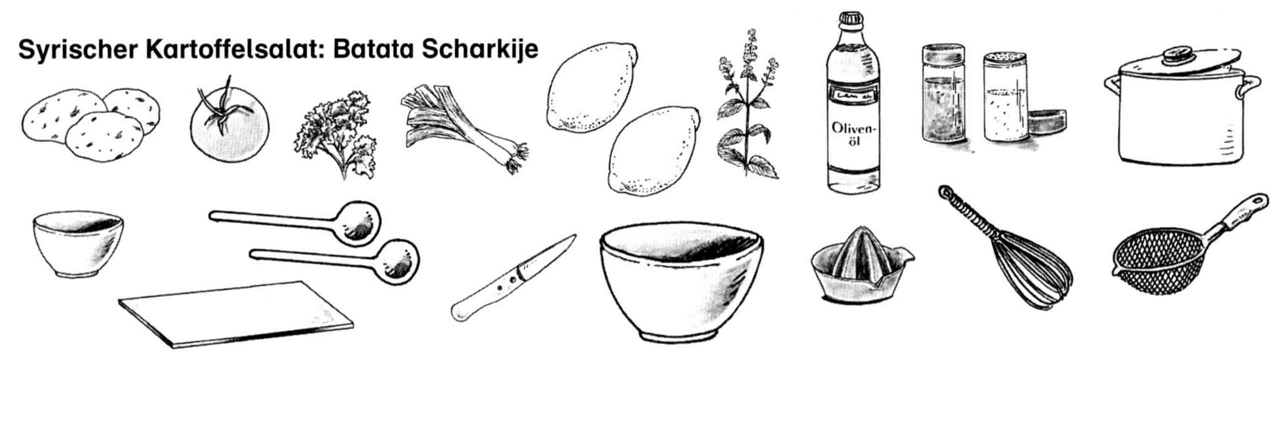

Taboule aus dem Libanon (Bulgursalat)

Külce (gefüllte Kekse aus dem Irak)

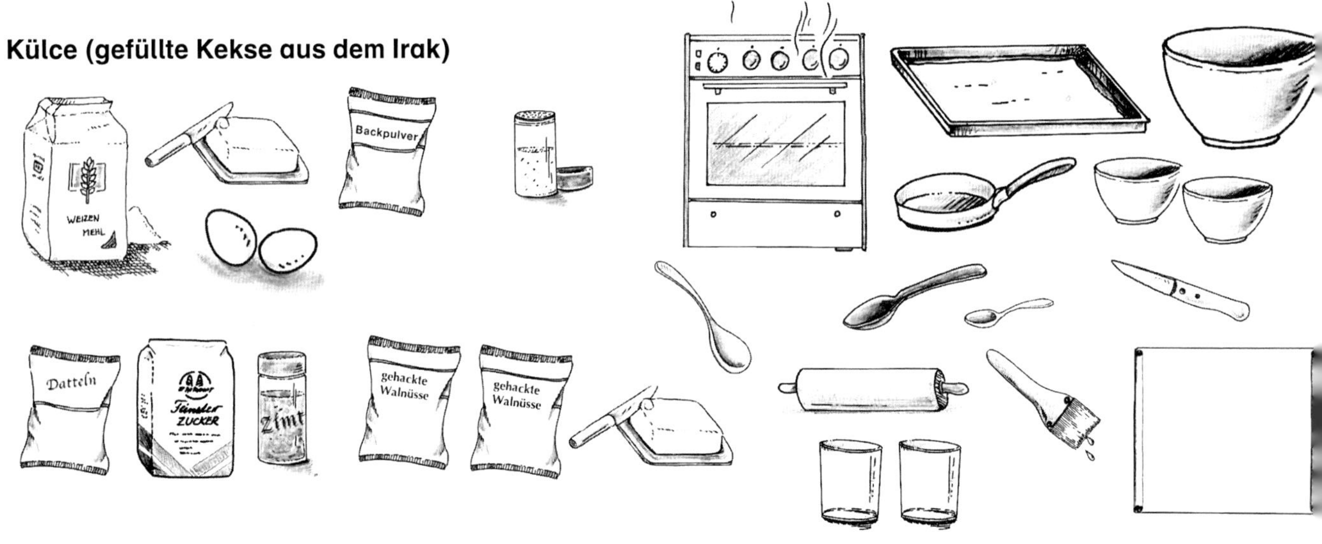

Afghanistan: Afghanischer Reis

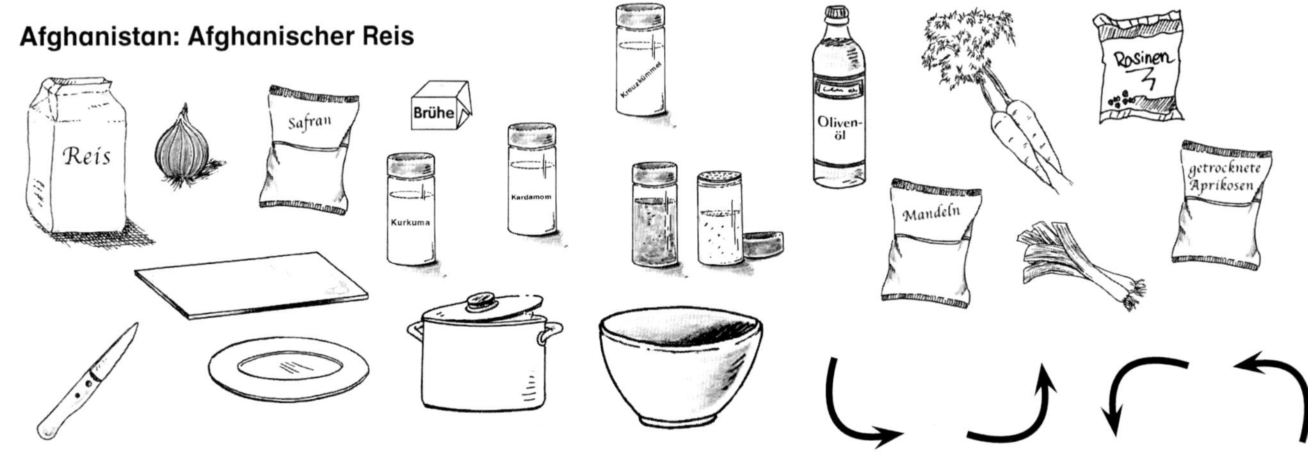

Stäbchen, Besteck oder Finger – wer isst wie? (ab 3 Jahren)

Gesprächsanregung zu unterschiedlichen Ess- und Tischgewohnheiten in verschiedenen Ländern:
Wenn die Gruppe die gemeinsam zubereiteten Gerichte isst, kann die Erzieherin mit den Kindern über unterschiedliche Ess- und Tischgewohnheiten sprechen.

China:
Warum essen Chinesen wohl mit Stäbchen? Das Gemüse ist bei den Chinesen in der Regel vorher schon so klein geschnitten, dass kein Messer benötigt wird. Dass das Gemüse so klein geschnitten ist, soll Energie sparen – denn dann muss es nicht so lange garen. Angeblich soll auch schon Konfuzius, ein chinesischer Philosoph, gesagt haben, Messer seien bei Tisch unhöflich, weil man sich damit gegenseitig bedroht.
Manche Leute denken, dass Chinesen besonders langsam essen, weil sie mit Stäbchen essen. Das ist aber nicht so. Chinesen halten sich das Schälchen mit Reis, Gemüse und Fleisch vor den Mund und schieben das Essen in ziemlich hoher Geschwindigkeit in ihren Mund hinein. Habt ihr auch schon einmal mit Stäbchen gegessen? In China und auch in den meisten anderen Ländern Asiens ist es übrigens sehr unhöflich, sich am Tisch die Nase zu putzen.

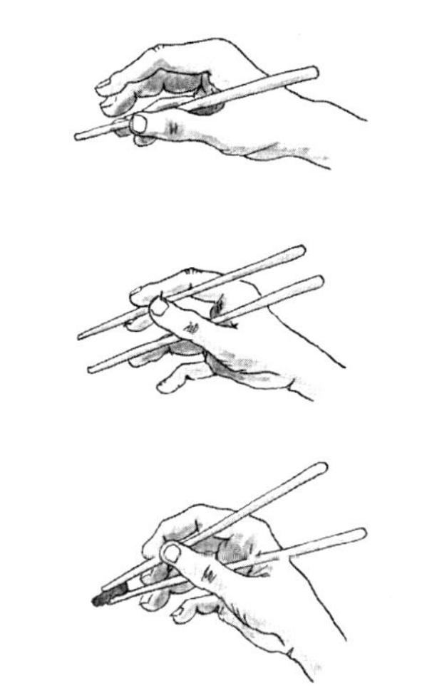

Eritrea (Afrika):
In Eritrea werden einige Gerichte mit der Hand gegessen. Kennt ihr auch Gerichte, die man mit der Hand isst? Was esst ihr gerne mit der Hand? (Pommes, Kuchen, Pizza, Brot ...)
Das Essen in Eritrea wird häufig mit Brot serviert. Das Brot dient dann als Teller und Besteck, zum Beispiel als Löffel, damit die Hände beim Essen sauber bleiben. Manchmal wird das Essen auch auf das Brot gelegt und eingerollt.
Es gilt in Eritrea als unhöflich, mit der linken Hand zu essen (diese gilt als unrein) oder sich die Finger abzulecken.

Deutschland:
In Deutschland isst man mit Messer und Gabel. Wisst ihr auch, womit man die Suppe isst? Wofür benötigen wir das Messer, wofür die Gabel? Bei uns ist es wichtig, dass wir am Ende des Essens Messer und Gabel in der vier-Uhr-Position auf unseren Teller legen – und zwar das Messer dabei mit der scharfen Seite nach innen – damit es nicht auf den Nachbarn zeigt. Damit zeigt man dem Kellner auch, dass man fertig ist und er abräumen darf.
In Deutschland gilt es außerdem als unglücksbringend, wenn man jemandem ein Messer schenkt.

Früchte aus fernen Ländern (ab 4 Jahren)

Material:
Kopiervorlage „Fremde Früchtchen" (s. S. 41), 2 Bogen Tonkarton, ggf. Kleber, 1 Schere, 1 schwarzer Filzstift

Vorbereitung:
Die Erzieherin kopiert die Vorlage „Fremde Früchtchen" auf Tonkarton oder klebt sie auf diesen auf und schneidet die Spielkarten aus. Außerdem fertigt die Erzieherin zusätzliche Karten aus Tonkarton an, indem sie sechs Vierecke aus einem der beiden Bogen Tonkarton ausschneidet. Die Zahlen von 1 – 6 werden auf die einzelnen Karten geschrieben und nebeneinander in die Mitte des Tisches gelegt.

Spielanleitung:
Auf dem Tisch liegen die sechs Zahlenkarten nebeneinander, sodass die Karten mit den Früchten direkt davorgelegt werden können. Zuerst können die Kinder die Früchte benennen: Kokosnuss, Avocado, Ananas, Kiwi, Orange und Banane.
Die Kinder sitzen um einen großen Tisch und ziehen reihum eine Karte vom Stapel in der Mitte. Sie zählen, wie viele Früchte auf der Karte zu sehen sind, und benennen die jeweilige Frucht. Anschließend legen sie die Karte vor die richtige Zahl.

Zahlen-Spiel aus Angola (ab 3 Jahren)

BVK • Mareike Brombacher: Kita aktiv „Projektmappe Interkulturelle Bildung – unsere Welt ist bunt"

Material:
1 Weltkugel

Zahlen-Namen in der Kimbundu-Sprache eines Bantu-Stammes aus Nord-Angola in Afrika:
eins – *mosi;* zwei – *vali;* drei – *tatu;* vier – *gualla;* fünf – *talu*

Vorbereitung:
Bevor das Spiel beginnt, zeigt die Erzieherin auf der Weltkugel, wo Afrika ist und wo genau das Land Angola liegt. Von den Kindern dort kommt das Zahlen-Spiel, also von weit her.

Spielanleitung:
Alle Kinder laufen durch den Raum. Die Erzieherin ruft eine Zahl auf der Kimbundu-Sprache und auf Deutsch, zum Beispiel: „Tatu – drei!" Nun müssen die Kinder möglichst schnell in Gruppen von drei Kindern zusammenkommen. Haben sie es geschafft, geht das Spiel weiter und die Kinder gehen wieder herum, bis die Erzieherin eine weitere Zahl ruft.

Hinweis:
Bei älteren Kindern (ab 5 Jahren) kann die Erzieherin auch nur die Zahlen aus der Kimbundu-Sprache rufen.

Kopiervorlage „Fremde Früchtchen“

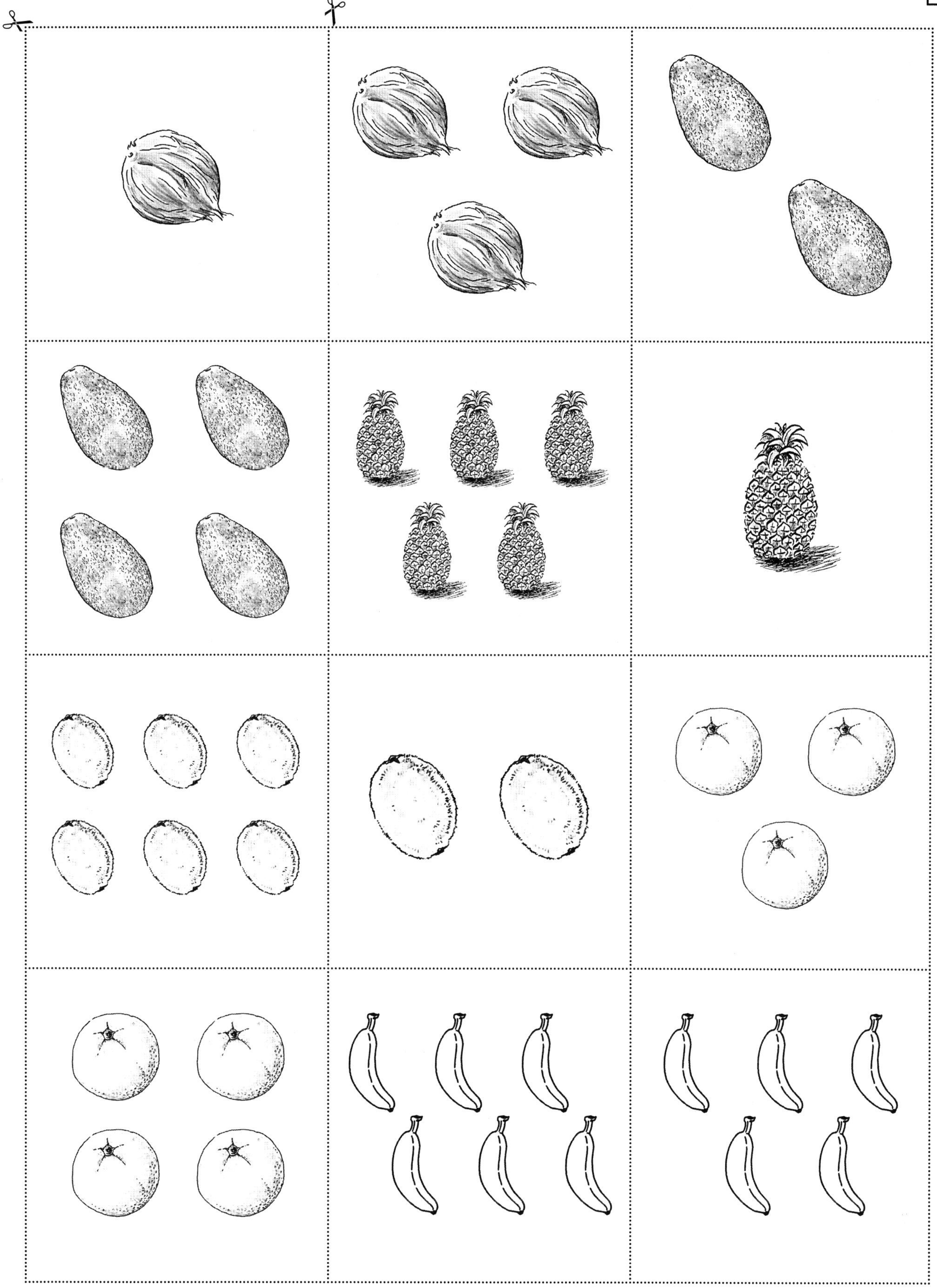

Unsere bunte Welt: Ein kunterbuntes Kinderfest (ab 2 Jahren)

Vorbereitungen:

- Die Vorlage „Einladung zum kunterbunten Kinderfest“ (s. S. 43) wird mehrfach kopiert und ausgeschnitten. Anschließend werden die Einladungskarten an die Eltern verteilt.
- Der Halay (s. S. 47) wird mit den Kindern einstudiert und die Musik dazu bereitgestellt.
- Das Lied „‚Bruder Jakob‘ in verschiedenen Sprachen“ (s. S. 16) und das Gedicht „Die Rose – Ein Gedicht mit mehreren Sprachen“ (s. S. 13) werden geübt.
- Das Baklava (s. S. 34) und die iraksichen Kekse (s. S. 36) werden gebacken, außerdem werden das Tabouleh und der syrische Kartoffelsalat (s. S. 35) vorbereitet.
- Der Raum wird mit den gebastelten Gegenständen geschmückt: Die Friedenstauben (s. S. 22) und Menschenketten (s. S. 27) können aufgehängt und die Glücksdrachen (s. S. 25) und Friedenslichter (s. S. 29) ausgestellt werden. Wenn diese mit Teelichtern ausgestattet sind, verleihen sie dem Raum angezündet eine gemütliche Atmosphäre.
- Wenn vorhanden, kann auf einem Tisch ein Kalaha-Spiel (s. S. 51) ausgelegt werden.
- Auf den Tischen können das Baklava, die irakischen Kekse, das Tabouleh und der syrische Kartoffelsalat angeboten werden. Geschirr, Besteck, Gläser und Servietten werden bereitgestellt.
- Auch ein Parcours für den Vertrauens-Slalom (s. S. 56) kann vorbereitet werden.

Programm:

1. **Begrüßung:** Die Erzieherin begrüßt die Kinder, Eltern und Geschwisterkinder. Sie berichtet von dem Projekt „Interkulturelle Bildung – unsere Welt ist bunt“.
2. **Der Halay:** Die Kinder tanzen den Halay. In der ersten Runde führen sie den Tanz als Kindergartengruppe durch, in der zweiten dürfen die Eltern mitmachen.
3. **„‚Bruder Jakob‘ in verschiedenen Sprachen“:** Die Kinder singen das Lied in verschiedenen Sprachen vor. Sie können die Eltern auch fragen, in welcher Sprache sie das Lied gerne hören würden.
4. **Eine kunterbunte Mahlzeit:** Die Kinder und ihre Familien können sich am Tisch gemeinsam stärken und neue und bekannte Speisen probieren.
5. **Spiele:** Nun können die Kinder und ihre Familien Kalaha spielen, den Vertrauens-Slalom durchlaufen und die vielen schönen Bastelarbeiten bewundern, die während des Projektes entstanden sind.

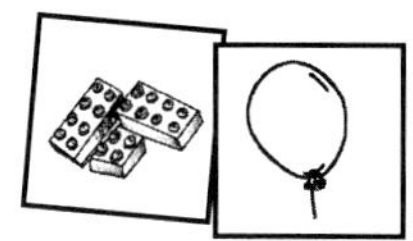

Kopiervorlage „Einladung zum kunterbunten Kinderfest“

Liebe Eltern,

in den letzten Wochen haben wir uns intensiv mit dem Projekt „Interkulturelle Bildung – unsere Welt ist bunt“ beschäftigt. Wir haben leckere Gerichte aus aller Welt kennengelernt, zum Thema „Unsere Welt ist bunt“ gebastelt und Lieder in verschiedenen Sprachen gesungen.

Unsere Erfahrungen in dieser bunten Welt möchten wir gerne mit Ihnen teilen und Sie zu einem kunterbunten Kinderfest einladen.

Das kunterbunte Kinderfest findet

am ______________________________

um ______________________________ Uhr

in ____ statt.

Wir freuen uns auf Sie!

Bitte geben Sie den unteren Abschnitt ausgefüllt bis zum ___________________________ wieder im Kindergarten ab.

Name des Kindes: ____

☐ Wir nehmen mit ____ Personen am kunterbunten Kinderfest teil.

☐ Wir können leider nicht kommen.

Entspannungsgeschichte: Reise in eine ferne Welt (ab 2 Jahren)

Material:
Decken oder Matten, Entspannungsgeschichte „Reise in eine ferne Welt" (s. u.)

Vorbereitung:
Die Kinder legen sich auf Decken oder Matten auf den Boden. Sie sollten möglichst so liegen, dass ihre Arme und Beine einander nicht berühren, damit sie sich während der Entspannung möglichst wenig ablenken. Dann liest die Erzieherin die Entspannungsgeschichte vor.

Reise in eine ferne Welt

Du liegst entspannt auf dem Rücken. Unter dir spürst du den Boden. Stelle dir vor, du liegst auf einer großen Wiese. Schließe nun die Augen. Kannst du deinen Atem spüren? Du atmest langsam ein und wieder aus. Du atmest ganz ruhig ein … und dann ganz ruhig wieder aus.

Über dir ist blauer Himmel, unter dir grünes Gras. Ein Mensch betritt plötzlich die Wiese. Es ist eine freundliche Frau. Sie lächelt dich an. Vielleicht ist sie eine Fee. Du weißt es nicht. Du stehst auf und nimmst ihre Hand. Alles ist wundersam und verzaubert. Auch du fühlst dich wie verzaubert und schwebend. An der Hand der Frau gehst du mit ihr durch ein Feld mit fremden bunten Blumen. Sie duften so stark, wie du noch nie eine Blume gerochen hast. Blau, rot und gelb strahlen sie dich an. Du atmest langsam ein und langsam wieder aus. Langsam einatmen … und langsam wieder ausatmen.

Die Frau führt dich weiter, und du merkst, dass die Zauberwiese zu einem großen Palast gehört. Viele Menschen laufen vor dem Palast hin und her, und du staunst über ihre farbenfrohe Kleidung. Ihr geht einen breiten Weg entlang mit glitzernden Kieselsteinen. Der Weg führt direkt auf den Palast zu. Schon von weitem hörst du leise, zarte Musik.

Ein Mann kommt auf dich und die freundliche Frau zu und zeigt auf eine Tür. Ihr werdet hineingeführt. Drinnen steht ein sehr langer Tisch. Auf dem Tisch warten köstliche Speisen auf euch. Sie duften fremd und sehr lecker. Ihr setzt euch an den Tisch und kostet von den Leckereien. Du spürst einen neuen Geschmack auf deiner Zunge. Du merkst, dass du lächelst. So viele schöne und neue Dinge auf einmal hast du selten erlebt und gefühlt und geschmeckt und gehört. Du atmest langsam ein … und langsam wieder aus.

Dann steht ihr auf. Die freundliche Frau nimmt dich an die Hand und ihr verlasst gemeinsam das Gebäude. An der Wiese angekommen, legst du dich wieder hin. Du hast das Gefühl, aus einem Traum zu erwachen.

Du streckst dich und dehnst deine Beine und Arme. Du machst dich so lang wie möglich. Du drehst den Kopf hin und her. Du öffnest und schließt abwechselnd deine Hände. Nun bist du wieder hellwach und merkst, dass du im Gruppenraum bist. Öffne deine Augen und schaue nach, was die anderen machen.

Nun ist die Traumreise zu Ende.

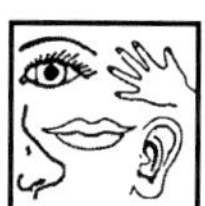

Auf dem Weg zum Friedenslicht (ab 3 Jahren)

In der Mitte des Labyrinths ist ein Licht – das Friedenslicht, das für alle Menschen dieser Erde leuchtet, die sich Frieden wünschen.

Folge dem richtigen Weg und finde das Friedenslicht.

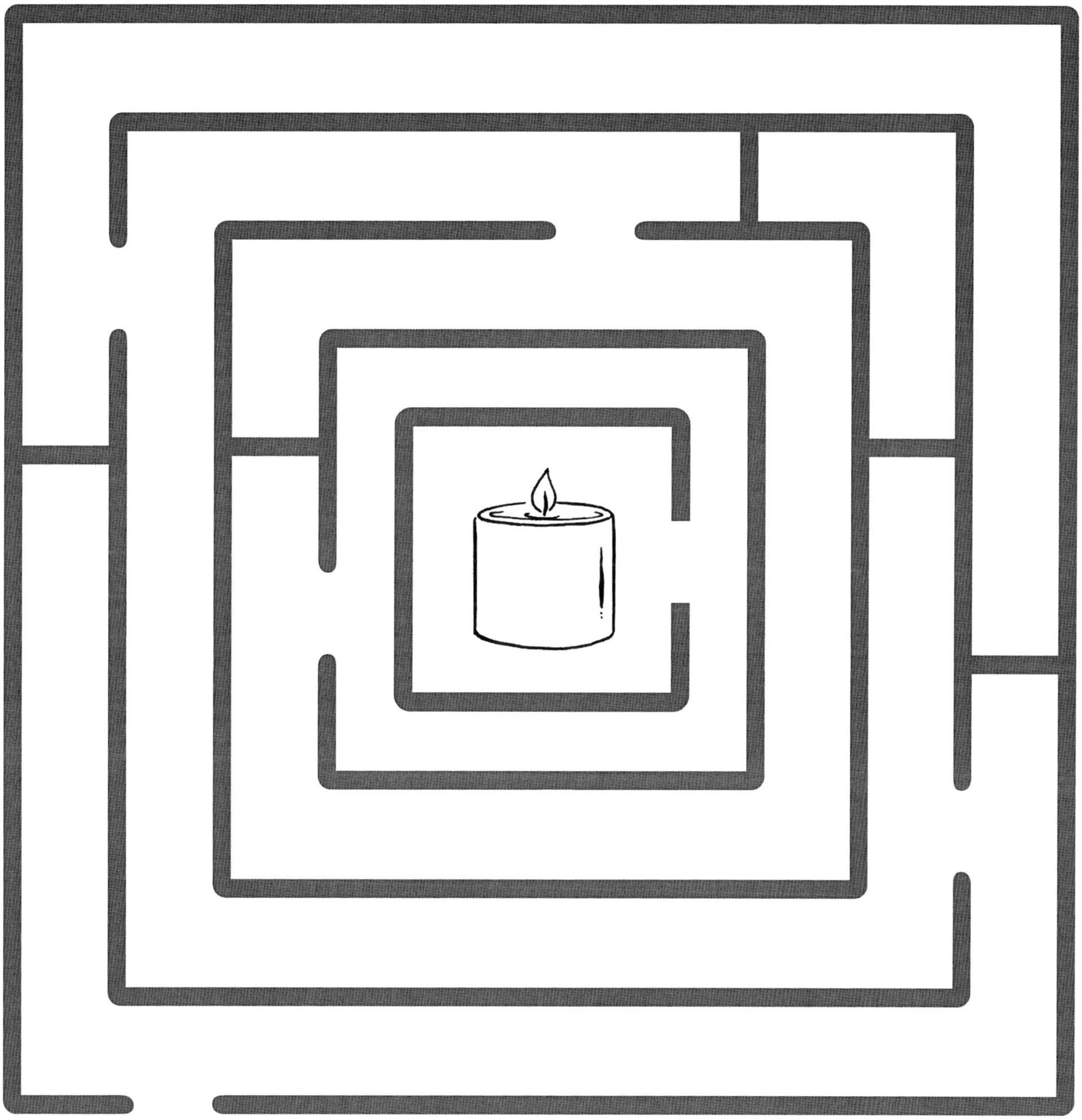

Zähle die Kinder (ab 3 Jahren)

Verbinde Kinder und Zahl.

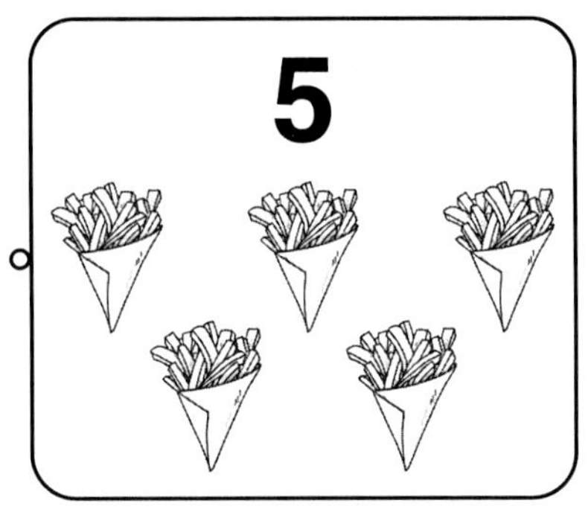

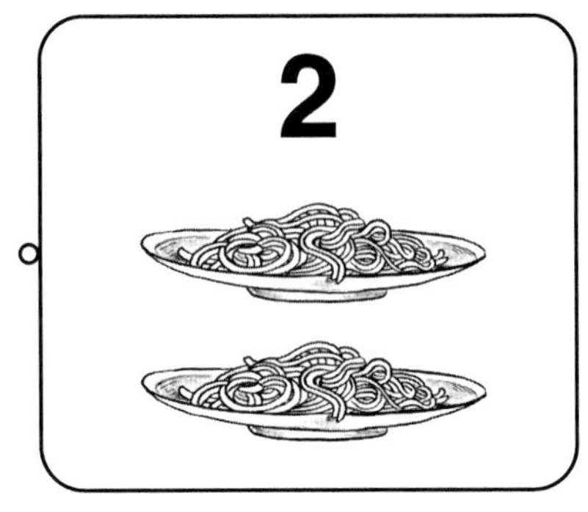

Kommt, tanzt mit: Der Halay (ab 3 Jahren)

Material:
Musik zum Tanzen aus dem Internet, zum Beispiel unter *www.youtube.com* („Pepee Halay Çekiyor Hanımey" eingeben), 1 Abspielgerät, ggf. 1 Weltkarte oder 1 Globus

Hinweis:
Hier stelle ich zwei Schrittvarianten vor, die am besten in zwei Einheiten gelehrt werden. Das vorgeschlagene Lied hat ein nicht allzu schnelles Tempo, sodass die Kinder die Schritte gut lernen können.

Vorbereitung:
Die Erzieherin erzählt von diesem internationalen Tanz – ganz unterschiedliche Volksgruppen tanzen und lieben ihn. Zur Veranschaulichung kann sie eine Karte oder einen Globus nehmen. In der Türkei ist der Halay ein berühmter Nationaltanz, aber auch Aramäer, Kurden, Menschen auf dem Balkan und im Kaukasus tanzen ihn. Im Nahen Osten heißt dieser Tanz „Dabke". Den Dabke tanzt man in Jordanien, Syrien, im Libanon, in Israel, in Palästina und im Irak. Es gibt verschiedene Varianten, in denen der Tanz ausgeübt wird.

Tanzanleitung:
Die Kinder stellen sich im Kreis auf und nehmen sich an den Händen. Bei Kindergruppen ab fünf Jahren können die Kinder sich mit dem kleinen Finger einhakeln. Hände bzw. Finger dürfen einander während des Tanzes nicht loslassen.

Variante 1:
Der rechte Fuß tippt einmal auf den Boden, dann wird er angehoben und nach vorne links gestreckt bzw. geworfen, anschließend tippt er wieder einmal auf den Boden und wird nach vorne links gestreckt. Nun machen die Kinder das Gleiche mit dem linken Fuß: Einmal auf den Boden tippen, nach vorne rechts werfen, erneut tippen und nach vorne rechts werfen. Diese Schrittfolge wiederholen die Erzieherinnen so lange mit den Kindern, bis sie diese sicher beherrschen. Bei jedem Schritt handelt es sich um eine Viertelnote (1 – 2 – 3 – 4).

Variante 2:
Die Kinder stellen das linke Bein über Kreuz in einem Schritt nach rechts und ziehen das rechte Bein nach. Wieder wird das linke Bein über Kreuz nach rechts gestellt, das rechte Bein zieht nach. (Auch hier gilt: Jeder Schritt ist eine Viertelnote (1 – 2 – 3 – 4)). Entweder geht man weiter nach rechts oder man wiederholt die Schrittfolge im Takt nach links – wobei die Kinder dann natürlich das rechte Bein über Kreuz vor das linke stellen und das linke Bein nachziehen etc. Beide Varianten kombiniert sind so etwas wie die Kinder-Variante des Halay beziehungsweise Dabke.

Viel Spaß und Freude mit diesem lebendigen Gruppentanz!

Spiel aus Syrien: Herumwirbeln (ab 3 Jahren)

Material:
1 Ball

Spielanleitung:
Die Kinder stellen sich im Kreis auf.
Ein Kind stellt sich in die Mitte des Kreises und wirft den Ball hoch. Es dreht sich einmal um sich selbst herum und versucht anschließend, den Ball wieder aufzufangen.
Gelingt es ihm, so ist es noch einmal dran.
Gelingt es nicht, darf es ein anderes Kind aus der Runde der Kinder auswählen.
Nun tritt dieses in die Mitte des Kreises und wirft den Ball hoch.

Eckenspiel aus Ägypten (ab 3 Jahren)

Material:
4 Tücher

Hinweis:
Dieses Spiel eignet sich für fünf Kinder.

Vorbereitung:
In einem Raum wird in jede Ecke ein Tuch gelegt. So wissen die Kinder, wo ihre Plätze sind und wohin sie laufen müssen.

Spielanleitung:
In jede Ecke stellt sich ein Kind. In der Mitte des Raumes steht ein weiteres Kind. Nun müssen immer zwei Kinder die Ecken tauschen – und zwar, indem sie sich heimlich darüber verständigen und sich zum Beispiel zuzwinkern. Dann rennen sie los und tauschen die Plätze. Das einzelne Kind in der Mitte des Raumes versucht nun, selbst einen der kurzzeitig freien Plätze einzunehmen. Die besten Chancen darauf hat es, wenn es genau beobachtet, wer sich Zeichen gibt.
Gelingt es ihm, kommt das Kind, das keinen Eckplatz mehr hat, in die Mitte. Das Spiel geht von vorne los.

Wir turnen um die Welt (ab 3 Jahren)

Information:
Die Kinder bekommen bei diesem Spiel einen Eindruck davon, dass es verschiedene Kontinente auf der Welt gibt und dass es gar nicht so einfach ist, dorthin zu kommen.

Material:
7 Decken in verschiedenen Farben oder Mustern, ca. 20 Filzkreise (oder Sitzkissen, Balanciersteine o. Ä., Durchmesser ca. 30 cm), mehrere Würfel (am besten Schaumstoffwürfel mit den Zahlen von 1 – 3), so viele Muggelsteine wie Kinder in je 7 Farben (alternativ: Plastik-Chips), 2 – 4 Turnmatten, 1 Beutel für jedes Kind, ggf. 7 Blätter Papier und 1 Stift

Vorbereitung:
Die Erzieherin legt die Decken locker im Raum aus. Dies sind die Kontinente (Australien, Afrika, Südamerika, Nordamerika, Antarktis, Europa, Asien). Wenn gewünscht, schreibt die Erzieherin die Namen der Kontinente auf Papier und legt sie daneben. Auf die Kontinente legt die Erzieherin je so viele Steine in einer Farbe, wie Kinder mitspielen – Europa bekommt zum Beispiel die Farbe Rot, Afrika Blau und so weiter. Die Filzkreise verbinden die Decken miteinander. Die Kinder setzen sich auf eine Matte am Rand der Turnhalle (oder des dafür freigeräumten Gruppenraumes). Jedes Kind bekommt einen Beutel.

Spielanleitung:
1. Die Erzieherin erklärt, dass unsere Welt groß ist und dass wir in Deutschland, also in Europa, wohnen. Sie zeigt auf die Decke, die Europa darstellen soll. Sie erzählt von den anderen Kontinenten auf der Erde: Afrika, Südamerika, Asien, Nordamerika, Australien und die Antarktis. Zwischen ihnen befindet sich Wasser: das große Meer. Ist das Angebot „Unsere Welt ist bunt“ (S. 23 – 24) schon durchgeführt worden, so lässt sich die bunte Weltkarte zur Veranschaulichung für das Welt-Turnen gut verwenden.
2. Die Kinder gehen jetzt auf Weltreise. Damit sie nicht ins „Wasser“ fallen, müssen sie auf den Filzmatten gehen, um die Kontinente zu besuchen.
3. Immer zwei Kinder erhalten einen Würfel und gehen gemeinsam auf die Reise. Sie würfeln abwechselnd eine Zahl und gehen, hüpfen, springen oder krabbeln um die gewürfelte Augenzahl von einem Kreis auf den nächsten bis zu einem der Decken-Kontinente. Dabei sammeln sie Schätze: die Muggelsteine. Auf jedem Kontinent dürfen sie sich einen Muggelstein mitnehmen und in ihren Beutel legen. Wer – egal wie hoch die letzte Augenzahl auf dem Würfel war – einen Kontinent erreicht, bleibt dort stehen und bekommt einen Muggelstein. In der nächsten Runde darf er weiterreisen. Wer alle Kontinente bereist hat, ist ein Weltenbummler.

Tipp:
Je nach dem Alter der Kinder können die Erzieherinnen verschiedene Aufträge erteilen. Die Großen können auf einem Bein hüpfen oder rückwärts gehen, während die Kleineren krabbeln, hüpfen oder laufen.

Darüber freuen sich Kinder aus einem anderen Land, wenn sie bei uns ankommen (ab 3 Jahren)

Material: –

Vorbereitung:
Die Erzieherin setzt sich mit den Kindern in einen Gesprächskreis.

Gesprächskreis:
Die Erzieherin erklärt: „Manchmal kommen Kinder aus einem anderen Land oder generell neue Kinder in unsere Gruppe. Heute möchten wir überlegen, was wir tun können, damit sich diese Kinder bei uns wohlfühlen. Wie können wir ihnen helfen, sich einzuleben? Was wünschen sie sich? Worüber freuen sie sich wohl?"

Ideen:
Sie freuen sich darüber, wenn ihr …

- ihnen zeigt, wo die Spielsachen und die Bilderbücher sind,
- ihnen bestimmte Wörter auf Deutsch nennt, damit sie unsere Sprache schnell lernen,
- nach Wörtern in ihrer Sprache fragt,
- mit ihnen spielt und sie nicht ausschließt,
- mit ihnen sprecht (notfalls mit Händen und Füßen),
- ihnen zeigt, wo die Toiletten und Waschbecken sind,
- ihnen euer Lieblingsessen zeigt und nach ihrem Lieblingsessen fragt,
- für sie ein Freund / eine Freundin seid,
- sie zu euch nach Hause und zum Geburtstag einladet,
- freundlich und hilfsbereit seid.

Weiterführende Gesprächsanregungen:

- Habt ihr schon Kinder kennengelernt, die aus einem anderen Land zu uns gekommen sind?
- Gibt es in unserer Gruppe Kinder, die aus einem anderen Land kommen?
- Alle Kinder können erzählen, wie sie die Ankunft in der Gruppe erlebt und welche Freunde sie gefunden haben.

Wer mag was? Gesprächsanregungen:
Jeder Mensch mag andere Sachen. Es ist ganz egal, ob er aus Deutschland, Ägypten oder Norwegen kommt. Die Kinder können sich gegenseitig nach Unterschieden und Gemeinsamkeiten befragen:

- Was ist dein Lieblingsessen / -tier / -getränk / -lied usw.?
- Wo machst du am liebsten Urlaub?
- Welches Fest feierst du am liebsten?
- Wie feierst du Geburtstag / Weihnachten / Ramadan / Ostern / Namenstag usw.?
- Welche Regeln musst du zu Hause einhalten?

BVK • Mareike Brombacher: Kita aktiv „Projektmappe Interkulturelle Bildung – unsere Welt ist bunt"

Ein Spiel aus einem anderen Land: Kalaha (ab 5 Jahren)

Information:

Das Besondere an Kalaha ist, dass man nicht unbedingt ein Spielbrett benötigt. Deshalb können es auch Kinder spielen, die wenige oder keine Spielsachen besitzen. Sie können mit Steinen, Obstkernen oder Muscheln auf dem Boden spielen. Das Kalaha gehört zu den Mancala-Spielen. Mancala-Spiele sind Spiele, bei denen der Inhalt von Mulden umverteilt wird. Das älteste Mancala-Spielbrett wurde vor ungefähr 1 200 Jahren im afrikanischen Land Äthiopien gefunden. Ganz sicher ist man sich aber nicht, woher Kalaha genau stammt. Es gibt verschiedene Varianten der Spielregeln. Die gängigste Variante wird hier vorgestellt.

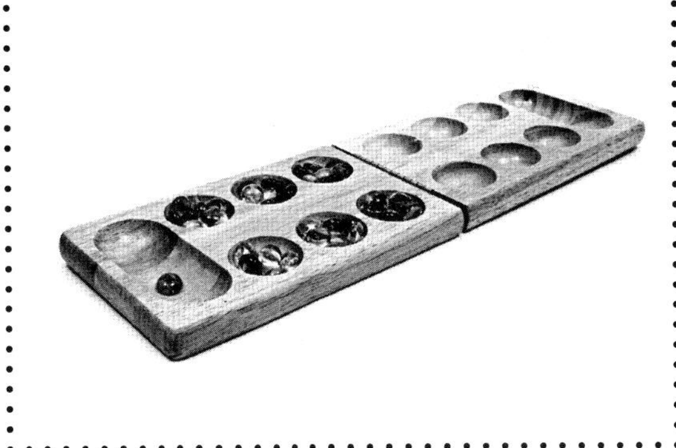

Material:

Kalaha-Spiel oder kleine Schaufeln und 18 (für jüngere Kinder) oder 36 kleine Steine, Murmeln oder ähnliche geeignete Gegenstände

Vorbereitung:

1. Entweder nimmt die Erzieherin ein vorhandenes Kalaha-Spiel, um das Spiel einzuführen, oder die Gruppe geht ins Freigelände und nutzt einen möglichst ebenen Boden, in den die Kinder Spielmulden graben dürfen.
2. Auf der Erde wird ein langgezogenes Rechteck von circa 40 cm Länge gezogen. An den kurzen Seiten (ca. 15 – 20 cm lang) wird jeweils eine fast seitenlange Mulde gegraben, zwischen den Enden entstehen auf die gleiche Weise 12 Mulden mit einem Durchmesser von circa 3 cm. Sie werden in zwei Reihen nebeneinander (jeweils 6 Mulden pro Reihe) erstellt.
3. Zwei Spieler sitzen sich an den kurzen Enden gegenüber, jedem Spieler gehört jeweils die von ihm aus linke Reihe der Mulden. In jede der Mulden (außer in die große Mulde) kommen 3 Steinchen oder ähnliche Gegenstände. (Bei älteren Kindern können es bis zu 6 Steinchen sein – wichtig ist, dass in jeder Mulde gleich viele Steinchen liegen.)

Spielregeln:

1. Ziel des Spieles ist es, in seiner großen Mulde (dem Kalah) am Ende mehr Steinchen gesammelt zu haben als der Mitspieler.
2. Derjenige, der beginnt, nimmt aus einer seiner Mulden die Steinchen und verteilt im Uhrzeigersinn je ein Steinchen auf die anderen Mulden, auch auf die des Mitspielers. Kommt er dabei an seinem Kalah vorbei, kommt auch hier ein Steinchen hinein. Ist es das letzte Steinchen, das beim Zug noch zu verteilen war, so darf der Spieler noch einen Zug machen und eine weitere Mulde leeren.
3. Legt ein Spieler einen seiner Steine beim Verteilen in eine ansonsten leere eigene Mulde, darf er die gegenüberliegende Mulde des Gegners komplett leerräumen, seine eigene ebenfalls, und alle Steinchen in sein Kalaha legen.
4. Das Spiel endet, wenn einer der Spieler keine Steinchen mehr in seinen Mulden hat. Dann darf der Gegner die restlichen Steinchen aus seinen Mulden in sein Kalaha legen und es wird gezählt, wer die meisten Steinchen hat – dieser Spieler ist der Gewinner.

Gespräch im Anschluss:

- Was ist bei diesem Spiel anders als bei Spielen, die ihr kennt? (Keine Würfel, kein Rauswerfen, keine Karten, kein Spielplan …)
- Was ist gleich? (Es gibt einen Gewinner, man zählt nachher die „Punkte“ …)

Gesten in anderen Ländern und bei uns (1) (ab 4 Jahren)

Material: –

Spielanleitung:

1. Die Erzieherin erzählt: „In anderen Ländern bedeuten Gesten und Zeichen oft etwas anderes als bei uns. Wenn wir diese Gesten kennen, fällt es uns leichter zu verstehen, wie andere etwas meinen.“
2. Dann fragt sie die Kinder, was sie glauben, was die unten aufgelisteten Gesten bedeuten oder welche Bedeutung welche Geste hat.
3. Nachdem die Kinder von ihren Erfahrungen mit diesen Gesten berichtet haben, erzählt die Erzieherin, was die Gesten bei uns und was sie in anderen Ländern bedeuten. Besonderen Spaß haben die Kinder daran, die Gesten nachzumachen.

Gleiche Gesten, unterschiedliche Bedeutung:

- „Was meine ich, wenn ich mit dem Kopf nicke?“
  („Ja“ in Deutschland und in Bulgarien, „Nein“ in Indien)
- „Was meine ich, wenn ich den Kopf schüttele?“
  („Nein“ in Deutschland und in Bulgarien, „Ja“ in Indien)
- „Was meine ich, wenn ich den Kopf nach hinten werfe?“
  (In Deutschland: keine besondere Bedeutung, „Nein“ in arabischen Ländern, in der Türkei und in Griechenland)
- „Was meine ich mit ‚Daumen hoch‘?“
  („Super“ oder „Gut gemacht“ in Deutschland, „Hau ab“ in Australien und in Nigeria)

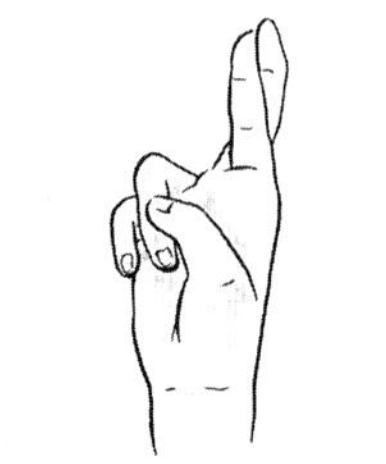

- „Was meine ich, wenn ich meinen Zeige- und meinen Mittelfinger überkreuze?“
  (Es bedeutet in Deutschland, Schweden und in der Schweiz, dass man gerade lügt. In Kanada und Brasilien bedeutet es „Viel Glück“. In China bedeutet es „zehn“.)
- „Was möchte ich sagen, wenn ich jemandem die Zunge herausstrecke?“
  (In Deutschland bedeutet es: „Ich bin frech und unfreundlich.“ In Tibet begrüßt man sich, indem man einander die Zunge herausstreckt.)

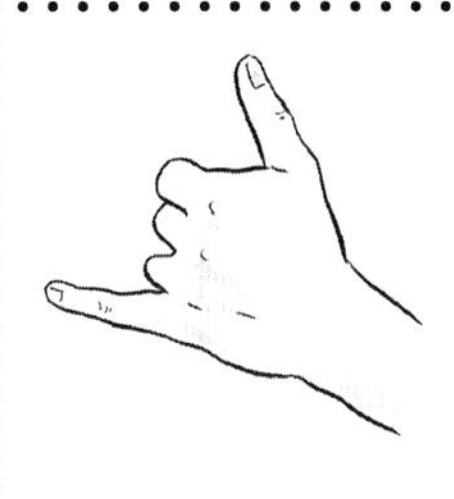

- „Was meine ich, wenn ich meinen kleinen Finger und meinen Daumen abgespreizt seitlich an den Kopf halte?“
  (In Deutschland bedeutet es: „Wir telefonieren“ oder „Ich rufe dich an“. In Italien bedeutet es: „Lass uns zusammen etwas trinken gehen“, z. B. einen Kaffee.)

Gleiche Bedeutung, unterschiedliche Gesten:

- „Was meine ich, wenn ich auf mich zeige?“
  „Ich“ in Deutschland, in Amerika legt man für dieses Zeichen die Hand auf die Brust. Japaner legen den Zeigefinger auf ihre Nase, um „ich“ mit Gesten zu sagen.
- „Was mache ich, wenn ich jemandem die Hand schüttele?“
  Ich begrüße ihn. Wenn ich in Frankreich jemanden begrüße, küsse ich ihn auf die Wangen, wenn er zu meinen Freunden oder zu meiner Familie gehört. Man beginnt links und es gibt abwechselnd auf jede Wange zwei Küsschen. In arabischen Ländern spricht man zur Begrüßung über das Wetter und die Familie. Männer und Frauen dürfen sich nicht die Hände schütteln. In südamerikanischen Ländern gibt es unter Freunden zur Begrüßung häufig ein längeres Ritual: Händeschütteln, eine Umarmung, einen Wangenkuss, wieder ein Händeschütteln und zum Schluss einen Klaps auf die Schulter. In Japan verbeugt man sich voreinander, die Arme bleiben dabei seitlich am Körper. In Indien begrüßen sich die Menschen traditionell mit dem „Namaste“-Gruß: Dabei werden die Hände vor der Körpermitte unterhalb des Kinns aneinandergelegt, man beugt sich leicht nach vorne und sagt: „Namaste.“ Das „e“ wird dabei lang gesprochen.

Gesten in anderen Ländern und bei uns (2) (ab 4 Jahren)

Spielangebot zum Thema „Gesten":

Material: –

Spielanleitung:

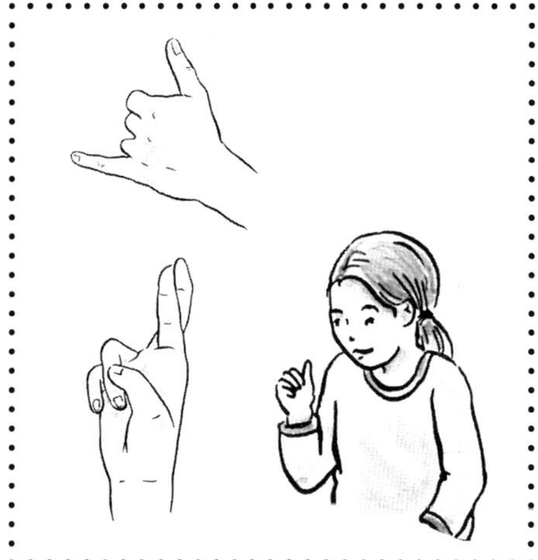

1. Nachdem die Kinder mit der Erzieherin im Stuhlkreis das Thema „Gesten" (s. S. 52) besprochen und schon einige Gesten kennengelernt haben, sollen sie nun selbst eine Erfahrung mit Gesten machen.
2. Dazu verlässt die Erzieherin mit zwei Kindern die Gruppe. Sie bekommen draußen von ihr leise einen Auftrag ins Ohr geflüstert, den sie ohne Worte mit den anderen Kindern umsetzen sollen, wenn sie wieder hereinkommen.
3. Die Erzieherin erklärt den Kindern drinnen: Die beiden, die jetzt hereinkommen, können nicht sprechen. Sie möchten aber mit euch etwas machen. Ihr müsst herausfinden, was sie möchten, und versuchen, ihnen zu helfen.
4. Dann kommen die beiden Kinder herein und beginnen, sich mit Gesten verständlich zu machen.

Denkbare Aufträge sind:

- Wir stellen alle Kinder der Gruppe von klein bis groß nebeneinander in der richtigen Reihenfolge auf.
- Wir bitten jemanden, einen Löffel aus der Puppenecke zu holen.
- Wir möchten einen hohen Turm bauen.
- Wir möchten mit den Stühlen eine Eisenbahn bauen.
- Wir möchten, dass jemand die Gießkanne holt, damit wir die Blumen gießen können.
- Wir möchten, dass alle sich mit dem Rücken zur Mitte vor ihren Stuhl stellen.

Dies alles soll nur mit Gesten vermittelt werden. Die Kinder werden schnell merken, ob ihre Gesten verstanden werden oder ob sie etwas anders machen müssen, damit die Kommunikation funktioniert.

Einander helfen: Der barmherzige Samariter / Dient Allah (ab 3 Jahren)

Der barmherzige Samariter

Jesus spricht zu den Menschen und sagt: „Liebe Gott und liebe deinen Nächsten.“ Daraufhin fragt ihn ein Mann: „Aber wer ist denn mein Nächster, wen soll ich alles lieben?“ Da erzählt Jesus ihm eine Geschichte: „Ein Mann geht auf eine lange Reise.
Er möchte von Jerusalem nach Jericho gehen. Also reitet er mit seinem Esel los, über steinige Wege, über Berge und über Sand. Die Sonne scheint heiß vom Himmel. Der Mann schwitzt und der Esel schnauft. Plötzlich springen Räuber hinter einem Felsen hervor. Sie schlagen den Mann. Sie nehmen ihm seinen Esel weg und alles, was er besitzt. Der Mann blutet. Aber die Räuber helfen ihm nicht, sie laufen einfach weg.
Armer Mann! Da liegt er ganz allein.
Aber welch ein Glück – da kommt ein Wanderer vorbei! Es ist ein Priester, der gerade im Tempel war und dort Gott gedient hat. Der hilft dem armen Mann bestimmt! Aber der Priester geht einfach vorbei, obwohl er den Mann gesehen hat. Er hilft nicht.
Da kommt jemand, einer, der dem Priester im Tempel geholfen hat. ‚Hilfe, Hilfe!‘, schreit der arme Mann. Der andere Mann gibt vor, die Rufe des armen Mannes nicht zu hören. Auch er geht einfach weiter. Schließlich läuft noch jemand an dem verletzten Mann vorbei. Aber das ist ja nur jemand aus dem Land Samarien, ein Samariter, der hilft dem armen Mann bestimmt nicht. Denn die Leute aus Jerusalem und die Leute aus Samarien mögen sich nicht. Doch siehe da, der Samariter steigt von seinem Esel. Er wäscht dem armen Mann die Wunden sauber und verbindet ihm den Kopf. Er gibt ihm etwas zu trinken und hilft ihm, auf seinen Esel zu klettern. Dann bringt er ihn zu einem Gastwirt. Zu dem Gastwirt sagt der Samariter: ‚Hier hast du Geld. Sorge für den Mann, bis ich wiederkomme.‘“
Jesus spricht wieder zu den Leuten: „Welcher von den drei Männern wusste, wer sein Nächster ist?“
Der Mann, der Jesus vorher gefragt hatte, sagt: „Der, der ihm geholfen hat.“ Jesus antwortet: „Mache du es genauso wie er.“

Dient Allah

Im Islam gibt es keine Gebote, wie sie in der Bibel stehen, aber in Umschreibungen doch diesen Hinweis von Allah über das Helfen und die Nächstenliebe:
„Und dient Allah und gesellt Ihm nichts bei. Und zu den Eltern sollt ihr gütig sein und zu den Verwandten, den Waisen, den Armen, dem verwandten Nachbarn, dem fremden Nachbarn, dem Gefährten zur Seite, dem Sohn des Weges und denen, die eure rechte Hand besitzt. Allah liebt nicht, wer eingebildet und prahlerisch ist.“ Koran 4:36
Eine der fünf Säulen des Islams ist auch das Geben von Almosen. Das ist Geld, das man Menschen schenkt, die es brauchen. Damit drücken Muslime die Nächstenliebe aus, denn so helfen sie ebenfalls anderen, wie auch der barmherzige Samariter in der Bibel dem armen Mann geholfen hat.

Anregungen für den Gesprächskreis:

Nachdem die Erzieherin die beiden Texte aus dem Islam und dem Christentum vorgelesen und schwierige Begriffe ggf. erklärt hat, bespricht sie mit den Kindern, was „Helfen“ eigentlich bedeutet.

- Was ist „Helfen“ eigentlich?
- Wem kann man alles helfen, wobei und warum?
- Wenn dir geholfen wird, was machst du dann?
- Hast du schon einmal jemanden um Hilfe gebeten?
- Hast du schon einmal jemandem geholfen?
- Welche Kinder benötigen hier im Kindergarten unsere Hilfe?
- Hilfst du auch zu Hause mit? Wem hilfst du und wobei hilfst du ihm?

Gemeinsames Spiel gegen die Zeit (ab 3 Jahren)

Material:
1 Würfel, 1 Sanduhr (max. 3 Minuten) oder 1 Eieruhr

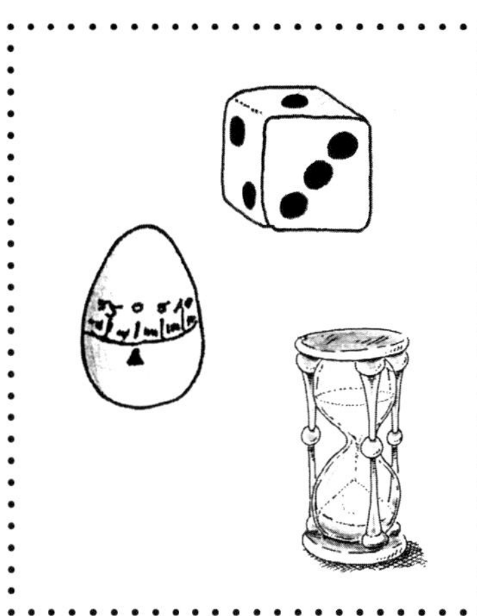

Spielanleitung:
Die Kinder sitzen im Kreis um einen Tisch herum. Nun beginnt das erste Kind zu würfeln. Der Würfel wird der Augenzahl entsprechend von einem Kind zum nächsten weitergegeben. Das Kind, das den Würfel nun erhalten hat, würfelt ebenfalls und reicht den Würfel weiter. Die Kinder müssen also den Würfel schnell weitergeben, damit sie zügig vorankommen.
Ziel ist es, mit dem Würfel das erste Kind vor dem Ablaufen der Sanduhr wieder erreicht zu haben. Dies kann mit der exakten Augenzahl des Würfels geschehen, die dazu notwendig ist, oder mit einer höheren. Wichtig ist nur, das erste Kind wieder zu erreichen.

Die Kinder erleben beim gemeinsamen Spiel gegen die Zeit, dass sie zusammenhalten müssen – denn gemeinsam ist man stärker als allein.

Hinweis:
Je nach Alter der Teilnehmenden und der Gruppengröße kann die Zeit verkürzt werden.

Stille Sprache: Wir denken uns Zeichen aus (ab 3 Jahren)

Material:
Zettel und Stift für die Erzieherin

Spielanleitung:
Die Kinder und die Erzieherin bilden einen Stuhlkreis. Die Erzieherin fragt: „Können wir uns wohl auch ohne Worte verständigen? Wie könnte das gehen? Wer möchte als Erster etwas in Zeichensprache sagen?“

Nacheinander dürfen die Kinder der Erzieherin ins Ohr flüstern, was sie darstellen möchten. Die Erzieherin schreibt sich dies ggf. auf. Die Kinder machen dann Gestik und Mimik vor und die anderen Kinder raten, was gemeint sein könnte.
Wer zuerst erraten hat, was gemeint ist, darf als Nächstes etwas darstellen. Unten finden Sie einige Beispiele, die Sie einem Kind nennen können, wenn es nicht weiß, was es darstellen soll.

Ich bin groß. / Du bist klein. / Mir ist kalt. / Mir ist heiß. / Mein Knie tut weh. / Ich bin müde. / Ich habe Hunger. / Ich habe Durst. / Kommst du mit? / Spielst du mit mir Ball?

Vertrauens-Slalom (ab 3 Jahren)

Material:
mehrere Kissen oder Pylonen, ggf. Augenbinden, Memospiel aus der Gruppe (Anzahl der Memospiel-Karten abzählen: So viele Karten verwenden, wie Kinder in der Gruppe sind. Bei ungerader Kinderzahl spielt die Erzieherin mit.)

Spielanleitung:

1. Die Kissen oder Pylonen werden als Slalom-Strecke im Raum platziert.
2. Die Erzieherin mischt die Memospiel-Paare und lässt jedes Kind eine Karte ziehen. Kinder mit den gleichen Motiven bilden nun Paare.
3. Ein Kind schließt die Augen oder bekommt eine Augenbinde angelegt. Das andere Kind führt es nun an der Hand um die Slalom-Strecke herum.
4. Dann stellen sich beide wieder an und wechseln die Rolle für die nächste Runde.
5. Anschließend fragt die Erzieherin die Kinder im Stuhlkreis, wie sich das angefühlt hat – war das seltsam oder auch schön? Ist man irgendwo angestoßen? Wie war es, so viel Verantwortung für ein anderes Kind zu übernehmen?

Postkarte ins Ausland (ab 3 Jahren)

BVK • Mareike Brombacher: Kita aktiv „Projektmappe Interkulturelle Bildung – unsere Welt ist bunt“

Material:
Postkarte – entweder gekauft oder selbst gemalt, die Adresse einer Kita von der folgenden Website: *www.fmks-online.de.* Hier klicken Sie auf den Button „Bilinguale Angebote“ und unter diesem Reiter auf „Kitas im Ausland“. Hier können Sie und die Kinder eine Kita in einem anderen Land auswählen, der Sie eine Postkarte senden möchten.

Vorbereitung:
Die Erzieherin sucht gemeinsam mit den Kindern ein Land aus, in dem es deutschsprachige, bilinguale oder multilinguale Kitas gibt. Die Adressen finden Sie auf der oben angegebenen Website. Hier sind Länder wie die Schweiz, Indien, die Türkei, China, Frankreich, Spanien oder auch Mexiko und die USA vetreten.

Arbeitsanleitung:
Die Erzieherin bespricht mit den Kindern: Was könnte die Kinder, denen wir schreiben, interessieren? Was möchten wir Kindern in der Türkei erzählen? Oder Kindern in Indien? Wollen wir ihnen schreiben, was wir hier in der Kita erleben? Gemeinsam mit der Erzieherin überlegen die Kinder, was sie auf die Postkarte schreiben möchten. Anschließend bringen sie diese bei einem „Ausflug“ zum Briefkasten.

Hinweis:
Es ist hilfreich, wenn die Erzieherin vorher telefonisch oder per E-Mail Kontakt zu der jeweiligen Kita aufnimmt, an die geschrieben werden soll. Dann ist die Kita informiert und vielleicht auch so sehr an einer Kontaktaufnahme interessiert, dass daraus ein regelmäßiger Briefwechsel entsteht. Dann können die Kinder sich zum Beispiel gegenseitig Bilder malen und schicken. Diese Bilder der Auslands-Kita können im Gruppenraum aufgehängt werden.